新时代和美教育的探索

谌清淑 ◎ 著

全国百佳图书出版单位
吉林出版集团股份有限公司

图书在版编目（CIP）数据

新时代和美教育的探索 / 谌清淑著． -- 长春：吉林出版集团股份有限公司，2022.8
ISBN 978-7-5731-2000-7

Ⅰ．①新… Ⅱ．①谌… Ⅲ．①小学教育－教学研究
Ⅳ．① G622.0

中国版本图书馆 CIP 数据核字（2022）第 150756 号

XIN SHIDAI HEMEI JIAOYU DE TANSUO
新时代和美教育的探索

著　　　者：谌清淑
责任编辑：沈丽娟
封面设计：杨小瑛
开　　　本：700mm×1000mm　1/16
字　　　数：248千字
印　　　张：13.25
版　　　次：2022 年 8 月第 1 版
印　　　次：2022 年 8 月第 1 次印刷

出　　　版：吉林出版集团股份有限公司
发　　　行：吉林出版集团外语教育有限公司
地　　　址：长春市福祉大路 5788 号龙腾国际大厦 B 座 7 层
电　　　话：总编办：0431-81629929
印　　　刷：涿州汇美亿浓印刷有限公司

ISBN 978-7-5731-2000-7　　　　定　价：79.00 元
版权所有　侵权必究　　　　举报电话：0431-81629929

前　言

和美教育的发展历程

"十三五"时期，重庆发展一路向北，渝北成为经济社会快速发展的核心区。空港新城，一座集商业休闲、教育医疗、社会综合服务于一体的新城在渝北迅速崛起。经济社会的快速发展带来人们对优质教育的热切期盼，2017年7月，空港新城人和街小学应运而生，该校是一所与重庆市渝中区人和街小学教育集团联合办学的渝北公办小学。

学校于2017年9月启动招生，因新校尚未建成，我们先后借校于盛景天下小学、中央公园小学，学校于2019年10月建成投用。在外借校的两年，我们既兼顾学校建设，又谋划着学校未来发展。全体教师团结一心，和衷共济，用行动践行着和美文化，共同克服了在外借校两年的艰难曲折。

建校之初，围绕高质量办学的总体目标，学校依托人和街小学教育集团的优秀办学经验和优质资源，致力于文化、课程、课堂、教师、管理等核心要素，初步建构了"五维一体"的新时代学校治理体系，力求建设品质优良的高水平学校，走一条可持续发展的特色办学之路。

基于历史文化传承、时代发展需要，学校秉承人和街小学教育集团的"和"文化，结合办学实际，在充分调研教师、学生、家长的基础上，经过反复研讨、论证，创生了"和美"文化，提炼出"让生命在和美中绽放"的办学理念，践行"人和尚进，和谐臻美"的校训，展现"各美其美，和美与共"的校园风貌，致力打造"儒雅善导，和衷共济"的教师文化和"尚美惟新，和合共生"的学生文化，以期实现培育"和而不同，尚真达美"的和美少年的育人目标。

随着办学的深入推进，围绕"文化、课程、课堂、教师、管理"等核心要素，学校积极推进教育改革。我们以重庆市级课题《"126和合课程"建设及实施研究》《基于"和美"文化的美育课程开发与实践研究》《互联网+背景下和美教育评价体系开发研究》以及渝北区级课题《新时代学校文化建设策略研究》《和德树人课程建设与实践策略研究》《和美教育评价体系开发研究》为依托，深入开展行动研究，以丰富有效的实践助推学校内涵发展。

2019年，中共中央、国务院印发了《中国教育现代化2035》，提出："更加注重全面发展，大力发展素质教育，促进德育、智育、体育、美育和劳育的有机融合。"同时，中共中央、国务院出台了《关于深化教育教学改革全面提高义务教育质量的意见》，提出了"坚持五育并举"，强调"突出德育实效""提升智育水平""强化体育锻炼""增强美育熏陶""加强劳动教育"，以此"全面发展素质教育"。政策文件的出台，更加坚定了我们立足"五育并举、五育融合"，促进学生德智体美劳全面发展的办学初衷。

我们立足和美文化，着力构建和美雅致校园，用心培植文化基因，精心营造和美向上的人文环境，形成了较好的合作型组织文化，实现了文化引领，精神立校。着眼学生核心素养培养，围绕"和而不同，尚真达美"的育人目标，我们潜心课程研发，找准基础课程与拓展课程整合的切入点，在西南大学教育学部罗生全教授的指导下，历经1.0、2.0、3.0版本，在推翻、重构中逐渐厘清了课程逻辑，明确了课程内涵，建构了"双基+三拓展"的四级和美课程体系，和悦课程延续学科课程，致力特长培养，和融、和创课程指向实践运用，跨域融合，为学生全面而个性发展提供了坚实保障，较好地实现了"人人发展、个个出彩"的育人愿景。我们坚持内涵发展，在教师专业发展中，我们以团队建设为重点，注重聚焦热点难点，深入推进课程改革的行动研究，以校本教研作为推动教师专业成长的主动力，形成了"科研管理一体化、科研队伍层次化、科研活动日常化、教育科研专题化、科研成果多样化"的教科研特色，有效地促进了教师的专业成长。和美课堂围绕"坚持一个目标、遵循两条规律、构建三种策略、树立四种意识、具备五大特点、做好六个坚持"六个方面进行打造，我们立足儿童真实需要，围绕"找到真问题——建构真方法——会用真方法——解决真问题"这一学习路径，使和美课堂呈现出"让全体学生展开学习""让全体学生发生学习"和"让部分学生深度学习"三种学习样态，体现因材施教，促进人人发展。我们建章立制，不断优化管理，为学校高质量发展提供坚强保障。

随着研究的深入推进，学校内涵不断得到提升，让"生命在和美中绽放"的办学理念与实践更加契合，和美教育理念与师生行动高度统一。全体教师思想境界提高，科研意识和科研能力不断增强，学生综合素养得到全面提升，个性特长得到充分展现，呈现出"胸有志、学有品、身有行、魂有趣"的活泼样态。四年多来，学校教师获区级奖 256 人次、市级奖 56 人次、国家级奖 15 人次，学生获区级奖 40 人次、市级奖 8 人次、国家级 5 人次，学校获区级奖 38 次、市级奖 10 次、国家级奖 2 次。学校高质量办学日益凸显，家长信任度和社会知名度、美誉度迅速提升，学校办学得到人和街小学教育集团、区委区政府及社会各界广泛赞誉和认可。

"十四五"时期是渝北区谱写高质量发展新篇章、开启社会主义现代化建设新征程的关键时期，教育改革发展也面临着新形势、新阶段、新理念、新格局、新目标、新要求。作为新时代诞生的学校，在"双减"背景下，我们将进一步立足于党的教育方针，围绕立德树人的根本任务，致力学生德智体美劳全面发展，继续推进学校高质量发展。

空港新城人和街小学的和美教育理念，借鉴融合了古今中外有关和美教育的先进教育思想。学校成立至今，即将完成第一个五年发展规划，在此复盘整理，旨在对全体师生拼搏进取、追求卓越的辛勤付出做一个阶段性总结，以期在"十四五"高质量发展期间能取得更多优异成绩，让广大师生拥有更多的幸福感和成就感。书中介绍了学校对和美教育的认识，围绕文化、课程、课堂、教师、管理，谈了一些不太成熟的实践做法，谨以此书为大家提供一个交流和探讨的平台，并为学校下一个五年发展规划提供可持续研究的价值支撑。由于建校时间短，加之理论高度和实践深度不够，经验不足，书中内容难免存在疏漏，敬请广大读者批评指正。

重庆市渝北区空港新城人和街小学校校长 谌清淑
二〇二二年四月

目 录

第一章 和美教育概述 ... 1

第一节 新时代教育改革发展 ... 1

第二节 和美教育经验与启示 ... 4

第三节 新时代和美教育建构 ... 8

第二章 和美文化——让生命在和美中绽放 ... 15

第一节 和美文化溯源 ... 15

第二节 办学理念的构建 ... 23

第三节 和美文化塑造 ... 33

第三章 构建和美课程——和而不同，尚真达美 ... 43

第一节 和美课程的构建 ... 43

第二节 和美课程解读 ... 47

第三节 和美课程管理 ... 87

第四节 和美课程的效果与感悟 ... 102

第四章 打造高效和美课堂——人人发展，个个出彩 ... 109

第一节 和美课堂的内涵 ... 109

第二节 和美课堂教学改革实践行动 ... 116

第三节 和美课堂在学科中的实践研究 ... 125

第五章 培养和美教师——儒雅善导，和衷共济 147
第一节 和美理念引领教师专业化发展 147
第二节 校本培训支撑教师专业化发展 156
第三节 教育科研助推教师专业化发展 162
第四节 和美教师个人成长案例 168

第六章 加强和美管理——以和为贵，真诚相待 184
第一节 和美管理的概述 184
第二节 和美学校组织建设 189
第三节 和美课程与教学管理 198

参考文献 201

后 记 203

第一章　和美教育概述

第一节 新时代教育改革发展

重庆市渝北区空港新城人和街小学校在教育政策的推动下孕育而生，是新时代教育发展的产物。进入新世纪之际，国家教育政策更加关注到人的发展，教育政策进入到全面实施素质教育，促进教育内涵发展阶段。这一时期，国家出台了许多教育发展主导政策。

1999年6月，第三次全国教育工作会议出台了《中共中央国务院关于深化教育改革全面推进素质教育的决定》。2002年11月8日，江泽民在中国共产党第十六次全国代表大会上作《全面建设小康社会，开创中国特色社会主义事业新局面》的工作报告。2003年党的十六届三中全会通过了《关于完善社会主义市场经济体制若干重要问题的决定》。2007年10月5日，胡锦涛在中国共产党第十七次全国代表大会上作《高举中国特色社会主义伟大旗帜　为夺取全面建设小康社会新胜利而奋斗》的工作报告。

在政策中可见，基础教育价值取向开始更加注重人的全面素质发展，更加体现"以人为本"的教育性价值取向的主导地位，更加关注教育作为社会公平的基础的社会性价值。因此，这一历史阶段基础教育政策在逐步回顾教育性价值的基础上，兼顾实现教育的经济性价值、社会性价值和"政治性"价值取向。

2010年8月，第四次全国教育工作会议出台了《国家中长期教育改革和发展规划纲要 2010—2020》，标志着国家教育发展进入到"向教育强国迈进"的历史阶段。这是对党的十七大精神，"优先发展教育，建设人力资源强国"战略部署的贯彻落实。这一时期基础教育政策，在开发人力资源，实现人力资源强国目标的政治性、经济性价值取向的指导下，兼顾教育促进社会公平的社会性价值取向，努力回归尊重教育规律的教育性价值取向，形成了政治性、教育性、社会性、经济性价值取向的相互融合，统筹平衡发展的态势。

2019年，中共中央、国务院出台了《关于深化教育教学改革全面提高义务教育质量的意见》，提出了"坚持五育并举"，强调"突出德育实效""提升智育水平""强化体育锻炼""增强美育熏陶""加强劳动教育"，以此"全面发展素质教育"；国务院办公厅则发布了《关于新时代推进普通高中育人方式改革的指导意见》，通过"突出德育时代性、强化综合素质培养、拓宽综合实践渠道、完善综合素质评价"等，来"构建全面培养体系"。

2019年中共中央、国务院印发的《中国教育现代化2035》，文中提出："更加注重全面发展，大力发展素质教育，促进德育、智育、体育、美育和劳动教育的有机融合。"文件内容中提及"发展中国特色世界先进水平的优质教育，全面落实立德树人根本任务，明确学生发展核心素养的要求，并创新人才培养的方式"。近两年，中共中央、国务院密集出台了各种各样的政策文件，这些文件其实是对《中国教育现代化2035》在不同领域、不同专题上的具体化。

随着核心素养理念的提出和发展，基于核心素养理念的人才培养模式需要从顶层设计的指导思想和培育目标，中观层面的课程体系研究，实践层面的课堂教学等方面进行研究。《中国教育现代化2035》提出了推进教育现代化的八大基本理念：更加注重以德为先，更加注重全面发展，更加注重面向人人，更加注重终身学习，更加注重因材施教，更加注重知行合一，更加注重融合发展，更加注重共建共享。

2018年2月，重庆渝北区启动"2018-2020教育增量提质行动"：一是加快推进城区学校建设。实施2018—2020年中小学、幼儿园建设计划，三年新增学校约78所，建成与城市发展、人口分布相协调的校点规模，满足约30万幼儿园、中小学学生入学需求。二是促进教育优质均衡发展。基本建成广覆盖、保基本、有质量的学前教育公共服务体系，公办幼儿园占比50%左右，幼儿普惠率达70%

左右；推进义务教育高位优质均衡，小学、初中综合差异系数控制在 0.50、0.45 以内。

2019 年 4 月 4 日，渝北区教育大会在区会议中心召开。区委书记唐川出席会议并讲话。他强调，要全面提高各级各类教育发展水平，持续做大优质教育的"蛋糕"；要大力促进教育公平，推动城乡教育协调发展，科学合理配置教育资源，扎实推进教育精准脱贫，让每个孩子都享有公平而有质量的教育；要加快城区学校建设，优化学校布局，切实解决"入学难"问题。

党的十八大以来，习近平总书记就教育改革发展提出一系列新理念新思想新观点，概括起来，就是"九个坚持"，即坚持党对教育事业的全面领导，坚持把立德树人作为根本任务，坚持优先发展教育事业，坚持社会主义办学方向，坚持扎根中国大地办教育，坚持以人民为中心发展教育，坚持深化教育改革创新，坚持把服务中华民族伟大复兴作为教育的重要使命，坚持把教师队伍建设作为基础工作。这"九个坚持"是对我国教育事业规律性认识的深化，标志着我们党对教育发展规律的认识达到了新高度，我们必须深入学习领会，坚持并不断丰富发展。

在国家教育政策的引导下，在重庆市政府和渝北区政府的支持下，在"教育高质量发展"和"五育融合"等方向背景下，空港新城人和街小学校应运而生，并将致力于打造渝北区高质量名校。学校全面贯彻党的教育方针，整合渝北区政府和渝中区人和街小学校优质资源，创新教育模式机制，深化教育改革，力图创办人民满意的教育。

第二节 和美教育经验与启示

关于"和美教育"的实践研究在各类中小学校早已有了一定的经验。聚焦于"和美教育"的内涵，不同的学校有着不同的内涵指向，并以此为依托，创办了各具特色的和美教育体系。

成都高新区中和小学是一所具有 180 多年历史的地方名校，饱受学校所在地中和场镇的历史变迁与和谐的优秀传统文化的熏陶。为了传承与发扬中和"和谐美好"的文化，学校自 21 世纪初提出了以"和谐美好"为主题的"和美"教育办学理念。近年来，学校从传统文化与时代背景的视角不断地解读与完善"和美"教育，形成了"和而不同，美美与共"的核心价值，提出了"和谐美好"的育人目标，建立了"和美"教育的"四大"原则与实施策略。其中的"和"是指和谐而丰富多样，是"1+1>2"的关系，是相生相融、相辅相成的；"美"指美好，包括美德、美行、美体。个性化的主体性原则、和谐性原则、尚美性原则和创造性原则。

广西壮族自治区荔浦县荔城镇黄寨小学创建于 1958 年，学校以"和而不同 崇德尚志"为校风、"善学善思 和谐和美"为校训、"博学善导 厚生乐教"为教风、"和乐共进 美人美己"为学风，打造和美的校园文化，提升学生素养，陶冶家长情操，让学生在和乐熙熙的氛围中学习与成长，让教师在和乐和谐的环境中育人与提升。多次召开领导班子会议和教代会，共同协商制定了《"和美"老师评选方案》《"和美"班级评选方案》《"和美"少年评选方案》《黄寨小学教案及教研活动改革方案（试行）》《黄寨小学学习管理规定》《德育量化评分细则》以及"文明班级评选标准"等系列管理规章制度。编写校本教材，实施"和美"教育理念。学校依据低、中、高三个年龄段孩子的特征，编写出经典诵读读本《传承经典、美德育人》，经典活动剧本《舞动时光，飞扬童真》以及和美实施方案和管理制度读本《黄寨小学"行为促和美"》等校本教材，规范不同年龄阶段的孩子的行为习惯。该校从思想和美、行为和美、教学和美、质量和美四个方面对教师提出新的要求。在每学期期末的"和美教师"评比中,许多教师脱颖而出。

山东省临沭县临沭街道第四小学成立于1985年,其前身是一所村办联小。这所沐浴在改革开放的春风中、迎着新世纪曙光不断崛起的学校,在努力与奉献中不断革故鼎新,砥砺前行。近年来,随着教育改革的不断深化,学校在原有基础上,对"文化育人"的功能提出了更新、更高的要求。为此,沭街四小在校长张全昊的带领下,于2017年提出了"建和美校园,做和美教师,育和美学生"的办学思路,并制定了"一年有起色,两年上台阶,三年大变样"的发展规划。"和美"是沭街四小整个教育改革理念的核心,凸显了"和谐发展,各美其美"的育人理念。这不仅与中国传统文化理念相契合,也符合素质教育的时代要求。为此,沭街四小立足校本、立足课程、立足教材,积极挖掘中华传统文化的优势资源,充分汲取精神营养,使传统精华内化于心、外化于行,培养学生健康、快乐、向上的积极心态,追求高尚的道德人文素养。沭街四小在推进传统文化进校园活动中,坚定目标,努力办好四件事——教材体系建设、校园文化拓展、加强学术研究、文化传播推进,以期让更多的学生能够在与传统文化接触的过程中,喜爱传统文化,进而传承传统文化。

合阳县城关小学始建于1912年,教师以和谐为工作原则,以尚美为奋斗目标,精耕教坛,具有百年深厚的育人精神。学校确立了以"和美"为文化核心的校园文化。"和"指教育的追求,"美"指教育的品质。学校有着"一训三风":"和和美美做人,踏踏实实做事"的校训、"和而不同 至善至美"的校风、"和爱润生 艺精德美"的教风、"和乐共进 求真尚美"的学风。学校从"管理文化、教师文化、课程文化、课堂文化、班级文化、学生文化、环境文化、德育文化"八个方面入手,构建和谐尚美的和美校园整体文化,以打造"和美课堂"为中心工作,落实课改理念,提升教学质量,构建课堂模式,从而使全体教师工作和谐、人生美丽,使全体学生成长和谐、发展美丽。

永州市江华瑶族自治县大路铺中心校创办于1941年,学校将"和美教育"作为实现教育现代化的江华路径。以"美丽校园、幸福师生、理想教育"为举措,是均衡、优质的教育,关注师生生命个体,促进师生自主发展、个性发展和可持续发展，以促进德智体美劳全面发展，达到各得其所、各美其美、美人之美、美美与共、天下大同。

佛山市南海区里水镇和顺中心小学创办于 1953 年，位于里水镇和顺美景大道旁。学校提出了"臻和至美"的核心价值观，以"为每位孩子的美好明天奠基"为办学理念，探索和实践"和美教育"的理论内涵，打造适合学校的"和美教育"理念和文化体系。以内涵的丰厚之美，富学生之心；以形式的精巧之美，激学生之情；以艺术的高雅之美，育学生之品；以精神的境界之美，导学生之行。培养身心和谐，知美丑、重美德、践美行、享美誉的情智双修的"和美"学子。通过"和美课程"与"和美校园"的建设，积极开展构建"和美教育"品牌的实践研究，促进师生的成长和学校的特色发展。

上海市三新学校自 2005 年 8 月开办，牢固树立了"立美育人，人文见长，素质立身，文化兴校，致力于每一位学生的全面而有个性的发展"的办学理念，积极探索和实践美育特色课程体系，先后建立了儿童丝网版画工作室、机器人工作室、可视化数字实验室、顾绣坊、陶艺创作室、全数字化地理专用教室、马林巴打击乐室、琴房等一流设施，并在此基础上开发设计了 12 门各具特色的校本课程和 20 个丰富多彩的学生社团。学校以"求真启善，以美立人"为办学理念，坚持和美教育的办学特色，呼吁每一位老师都争做"和馨教师"。学校倡导和治管理，实施和煦教育，推行和美课堂，建设和乐课程，培养和馨教师，培育和美少年。

乐清英华学校是一所 2001 年批准创办的从小学、初中一贯制寄宿民办学校，发展愿景是"办和美教育，建幸福校园"。

铸英华品牌，将"教学生成人成才，让家长省心放心"作为办学宗旨，践行一训三风："遵纪、勤奋、求实、创新"的校训、"严谨、互助、创新"的教风、"明礼、乐学、力行"的学风、"合作、奉献、务实"的校风。以和美管理、和美德育、和美课程、和美课堂与和美后勤为五大办学路径办学目标。

邯郸涉县新北关小学于 2009 年 9 月投入使用，确立了"和衷共济，求真尚美"为校训，学校科学管理，教师形成"和颜悦色 美教精艺"的教风，学生形成"和乐相伴，美善同行"的学风，学校整体呈现出"和而不同，美人之美"的良好校风。

2021年3月12日，中国教育报以《乡村学校绽放"和美"教育之花——河北省清河县连庄小学全面开展"和美"教育剪影》为题，报道了河北省清河县连庄小学事迹。清河县连庄小学，以"以人为本，美己美人"为发展理念，以"培养身心谐美，追求卓越的和美学生"为育人目标，全面开展"和美"教育。为了使学校、家庭与社会教育更有机地整合，连庄小学计划以"和美"教育这一与时俱进的办学理念，实现乡镇小区域办学思想的顶层设计。在"和美"教育的实践探索中，连庄小学构建适合学生发展的课程，落实国家课程校本化实施；让教师争做学生喜欢的教师，树立教师队伍形象；以人的可持续发展为目标，建立系统质量观；构建"和谐致美，以美怡人"的校园文化。全面推行"和美"教育，探索特色教育课程。学校认为，让每一个学生主动、愉悦、多元地发展，是"和美"教育的本质。为此，学校从"和美"理念出发，进行特色化课程体系的构建，以课程为引领，推动整体文化的建立。包括以"人和文化"课程体系构建和谐之美，以"明德文化"课程体系打造书香之美，以"幸福"课程体系争创生态之美。整个校区围绕"明德育人"的办学理念，以"崇真、至善、明礼、尚德"目标为引领，将校本教研与课程建设深度融合。学校围绕国家课程校本化实施与基于学生核心素养课程构建，实现三级课程整合，提高课程实施效率。同时，学校制定了"明德与生活""明德与社会"课程整合标准，将"品德与社会"与校本课程进行内容、实施策略与课时的整合，并且，依托课题研究，进一步优化实施英语拓展课程"读者剧场"。

综上所述，不难看出，关于和美教育有着丰富的教育实践，实践的主体有重点小学，也有乡镇小学，有公办学校，也有民办学校。但无论是何种实践，都具有一定的借鉴意义，殊途同归的同时，又各具特色。在新时代的背景下，响应教育的高质量发展，紧跟五育融合的改革方向，空港新城人和街小学校力图站在巨人的肩膀上，继续深化和美教育的理论和实践。

第三节 新时代和美教育建构

中共中央、国务院印发的《中国教育现代化 2035》，列举了八大理念："更加注重以德为先、更加注重全面发展、更加注重面向人人、更加注重终身学习、更加注重因材施教、更加注重知行合一、更加注重融合发展、更加注重共建共享。"这八大理念从三个方面给新时代教育指明了方向。一是培养目标，指向受教育者发展素质和能力本身，包括以德为先、全面发展、知行合一；二是原则、标准，指向对教育提出的要求，包括面向人人、终身学习、因材施教；三是如何发展教育，包括融合发展、共建共享。新时代和美教育正是基于《中国教育现代化 2035》理念基础，结合现代管理模式应运而生。

学校的核心功能就是育人。那谁来育人？当然是老师。老师通过什么载体什么路径来育人？载体就是课程，路径就是课堂。而这一系统工作需要规章制度管理来保障科学合理运行、约束。由此新时代和美教育的"五位一体"就自然而然诞生了。"五位一体"育人模式，和美少年的培养，离不开和美文化的熏陶，更离不开和美教师，和美教师利用和美课程，通过和美课堂去实现培养和美少年的目的，从而形成一个理想到实现的完整闭环。

一、构建和美文化，突出校园文化熏陶美

一个学校的基本理念变化不仅体现在学校特色办学的变化上，更体现在学生的发展变化上，是不可复制的。结合学校地域特点、孩子特点，学校要有一套适合的办学理念、校训、校风、教风、学风。

1. 办学理念：让生命在和美中绽放

自办学以来，学校秉承"让生命在和美中绽放"的办学理念，让每一位学生在和美教育中潜能得到开发，个性得到张扬，品行得到提升，审美得到培养，实践得到落实，最终实现人生的第一次完美蜕变；让每一位教师在践行和美教育中

自身的师德修为得以提升，专业素养得以发展，教学特色得以彰显，职业幸福得以达成；让空港新城人和街小学办学目标——和立两江，和鸣天下，得以实现。

2. 校训：人和尚进，和谐臻美

学校以"人和尚进，和谐臻美"为校训。"人和尚进"是一种同心同德的团队风貌和积极向上的精神追求，"和谐臻美"就是理想、愿景。"和谐"是一种教育理念，是从满足社会发展需要和受教育者自身发展需要的统一出发，优化教育教学结构中的诸要素，促进学生德、智、体、美、劳全面协调的生动活泼发展的教育观念。"臻美"即是完美，达到更好的地步，更趋完善。"和谐臻美"是从满足社会发展需要和学生身心发展需要的统一实现出发，调控教育中诸多要素的关系，使教育的节奏符合学生发展的节律，进而使"教"与"学"产生谐振效应，促进学生基本素质获得全面和谐充分发展的办学要求。"人和尚进，和谐臻美"的办学理念，是在承认不同事物之矛盾、差异的前提下，将其统一于相互依存的整体中，并取其长而克其短，使之达到最佳的育人状态，进而达成全面和谐育人的目的，打造渝北优质名校。

3. 校风：各美其美，和美与共

学校以"各美其美，和美与共"为校风。国学大师费孝通先生著名的16字箴言："各美其美，美人之美，美美与共，天下大同。"从中提炼出"各美其美，和美与共"作为校风。具体来讲包括两方面，即价值取向和个性差异。价值取向是指每个人各自有一套自己认为是美的东西，这些东西在别人看来不一定美，甚至会觉得丑恶。然而，每个人在接触的初期还常常发生强迫别人改变别人原有的价值标准来迁就自己的情形，而能容忍"各美其美"是一大进步。个性差异是指我们的每一个师生都来自不同的家庭，因为遗传基因、家庭环境、教育程度、个人喜好等等，这样就造就了形形色色、与众不同的自我，作为教育者、管理者就是要善于发现师生们身上的闪光点，因势利导、扬长避短，最终形成"各美其美，和美与共"的校园风尚。

4. 教风：儒雅善导，和衷共济

教育要有效果，要能被认可和接受，关键在于两个方面：第一，传授真知；第二，方法得当。因此空港新城人和街小学提出"儒雅善导，和衷共济"作为教

9

风的标准。这就要求老师在教育教学过程中首先要遵循儿童身心发展的客观规律，同时要讲求科学的方法，把知识和道理讲授给学生，也要倾注自己丰富的情感，言传身教，热爱教育事业、热爱学生，对学生负责，这样的教育才是成功的教育。同时教育体现一个团队的力量，表现在干群之间、师师之间、师生之间、生生之间。唯有全体师生上下一心，精诚团结，齐心协力，同舟共济，方能开创人和街美好的未来。

5. 学风：尚美惟新，和合共生

"尚美"就是崇尚美好的东西，追求美好的心灵，达到和美的人生。创新是一个民族的灵魂，也是四种关键能力的核心能力，创新从企业到国家，创新能力的强弱直接影响到一个企业、一个国家的核心竞争力，影响其存亡。现代公民所具备的四种关键能力"认知、合作、创新、职业"，合作是现代社会发展的产物，大数据、大工程、大变革，这一切唯有周密安排、分工合作才得以实现。"共生"是指在共生关系中，一方为另一方提供有利于生存的帮助，同时也获得对方的帮助。引申为彼此之间相互依存，互惠互利，共同生存，共同发展。渝北人和街小学负有教育人、培育人的历史使命，倡导全体师生有一种积极向上的精神面貌，崇尚一切美好的东西，推崇惟新的事物，合作创新，同生存，共发展。

二、塑造和美团队，突出教师发展共生美

新时代的核心竞争力就是人才的竞争，谁拥有塔尖上的高端人才，谁就能引领这个行业的前沿。教师是教育教学的实施者、组织者、引导者，是学校发展的关键。育人模式的转变首先要改变老师的教育观念，才会改变教育行为。因此，培育"和美少年"，首先要培育"和美教师"。学校确立了和美教师标准，为教师发展提供多样平台，并建立相应管理机制保障教师的发展。

1. 和美教师标准

我校是一所新建小学，要培养和谐致美、和而不同、尚真达美的和美少年，师资队伍的建设就尤为重要。学校的师资来源于三个渠道：第一，免师生和研究生的选聘；第二，全国优秀教师遴选；第三，区内优秀教师选调。入职前均通过实地调查走访、查阅档案、现场面试等方式考查师德、师能，把真正甘愿吃苦、乐于奉献、潜心教学、勇于钻研、热爱教育的和美教师加入进来。

建校初期我们就拟定了和美教师标准即"六有六好"。"六有"：有高尚的品格修养，有扎实的学科知识，有默契的合作技能，有强烈的创新意识，有执着的奉献精神，有骄人的育人业绩。"六好"：师德素质好，遵守规章好，课堂效益好，常规工作好，乐于奉献好，互学共进好。

2. 和美教师发展

动力源不同，教师专业成长路径也不同。自主学习者把学习作为最大的福利；智慧行动者把实践作为发展的载体；反思创生者把创新作为成长的手段。针对教师群体的不同情况，学校通过分门别类，量身定制了教师发展计划。新入职教师实施"种子教师培养计划"，成熟教师实施"项目推动"，骨干教师实施"破壁工程"，以此帮助教师完成三大成长：树立终身学习的观念，进行长期有效的学习，增强理论底蕴，促使教师成长为学习型教师；积极参与课题研究，提升教科研水平，在实践中总结，在总结中实践，积极参与各项论文、案例撰写，促使教师成长为科研型教师；用心教育，关注学生核心素养的培养，学习运用，反思创新，构建良好的教学策略，在发展中形成独特的教学风格。

通过"项目推动""二次学习"，循序渐进，有的放矢，使三种层次教师顺利完成由理论到实践的转换，成长为研究型反思型教师，找准自我发展方向，具备终身学习的五种能力（学习能力、教育科研能力、适应现代教学能力、研究学生能力、自我调控能力）。以教育实践的主阵地为载体，通过"同课共构·同课异构·异课同构"这三部曲，营造紧迫性与连锁性，刺激、带动不同层次教师发展，助推教师专业成长。

三、打造和美课堂，突出课堂教学渗透美

1. 建构课堂分类体系

课堂形式是学校育人理念的直接体现，和美课堂是和美课程实施路径，每一门课程必须有要对应的时间，以及实施的人来完成，因此为了有效提高课程实施效果，合理安排时间，科学调配师资，我们对和美课堂进行了归类管理。

在全校丰富的课堂体系内，依据不同的分类标准可以分为多种维度的课堂。按参与学生的多少可分为：和美大课堂、和美中课堂、和美小课堂。和美大课堂即全校学生参与的，如开学典礼、节日庆典、散学典礼、文化节、体育节、科技节、

艺术节、升旗仪式、大课间活动等；和美中课堂即一个年级或一个年段学生参与，如入学礼、入队礼、十岁礼、毕业礼；和美小课堂部分学生或班级学生参与，如班级课堂、走班社团、兴趣小组等。按和美课堂参与地点不同可分为：校内课堂、校外课堂。校内课堂所对应的课程主要包括基础课程、和悦课程、和融课程以及和创课程中的救护课程、三园札记、科创课程；校外课堂主要有职业体验、研学旅行。

2. 完善课堂实施过程

课堂只有在过程中才能发生作用，产生育人效果，因而课堂的实施是课堂建构的重要环节。课堂是师生开展双边活动的载体，在开展和美课堂中必须明确一个目标，遵循两条规律，运用三种策略，树立四种意识，具备五大特点，做好六个坚持。

一个目标即培养和而不同、雅而有致的和美少年。两条规律是课堂实施坚持遵循学生认知发展规律和学生身心发展规律。同时贯彻先学后教、以学定教、顺学而导的三种策略，先精准了解学情，知道学生要什么；并在此基础上科学拟定目标，明确学生学什么；进而合理选择方法，教会学生怎么学。同时在课堂实施中，和美教师始终秉持把学生当作学生，让其成为自主学习的主人；把学生当作朋友，让学生成为亦师亦友的伙伴；把学生当作老师，让学生成为互帮互学的良师；把学生当作儿童，让学生成为永葆童心的天使。依据以上原则，实施的课堂能够充分满足学生发展需求，具有氛围和谐、目标明确、方法灵活、个性灵动和人人发展的特点。和美课堂实施者应始终牢记"六个坚持"，即坚持从"知识"回归"生命"，提升生命境界；坚持从"书本"走向"生活"，开阔生命视野；坚持从"教给"转向"学会"，激发生命潜能；坚持从"传授"导向"体验"，感悟生命价值；坚持从"规训"变为"自由"，创设生命空间；坚持从"分数"指向"素质"，张扬生命个性，才能实现生生不息的创新与持续不断的生长。

四、开发和美校本课程，突出学科融合实践美

2019年，中共中央国务院发布《关于深化教育教学改革全面提高义务教育质量的意见》，以"培养全面和谐发展的人"为整体性教育目标，以"五育融合"为核心，秉承"德育定方向，智育长才干，体育健体魄，美育塑心灵，劳动教育

助梦想"的课程原则，确定课程目标。基于全面发展、"五育融合"的要求以及核心素养培育的诉求，统整学校"让每一个生命在和美中绽放"的办学理念，学校把培养具有空港人和特质的和美少年作为育人目标，指向学生素养养成。

依据学校现有课程资源和课程体系，学校建构了双基+三拓展的四级和美课程体系。完整的和美课程分为基础课程（国家课程、地方课程）、拓展课程（学科延伸、学科融合、学科应用）。其中一级课程主要指向基于学科的基础课程；二级课程也叫和悦课程，指向学科内延伸的拓展课程；三级即和融课程，是指基于学科间联系的学科间综合课程；四级课程也叫和创课程，是多学科学习之后融合（跨界）课程，综合运用多学科解决实际问题的课程，行动，体验，实践，融会贯通。

和美课程体系依托国家课程不断生发，以国家课程为基本，不仅充分利用学校资源，更考虑学生个性发展需求。四级课程环环相扣，以学科课程为出发点实现了学科交叉、学科融合，旨在培养学生的学习能力和解决真实生活问题的能力。

五、建立管理评价机制，突出管理过程人文美

1. 和美少年评价

中共中央国务院印发的《深化新时代教育评价改革总体方案》指出：全面贯彻党的教育方针，落实立德树人根本任务，遵循教育规律，系统推进教育评价改革，发展素质教育，树立科学的教育发展观，构建科学的学生评价体系。评价体系构建做好三个坚持：坚持以人为本，以人为中心，尊重和满足儿童的需要，寻求学生的自由发展和完善；坚持以德为先、能力为重、全面发展；坚持面向人人、因材施教、知行合一，坚决改变用分数作为学生评价唯一标准的做法，创新过程性和结果性评价办法，完善综合素质评价体系。以此为指导，开发了和美评价体系，和美少年评价旨在培养和而不同、尚真达美的和美少年，其具体指向为：懂礼仪，会学习，能管理，会劳技，擅艺美，会创造六大项目。以此培养具有空港人和特质的和美少年，实现"让生命在和美中绽放"的办学理念。

2. 和美教师管理

管理是指一定组织中的管理者，通过实施计划、组织、领导、协调、控制等职能来协调他人的活动，使别人同自己一起实现既定目标的活动过程。和美教师

管理是认识、了解、认同、执行的过程。因此任何的考核办法、评职晋级、规章制度等都是在国家法律法规、上级政策和文件精神框架下，来源于教师、服务于教师。建校伊始学校通过全体教师大会审议并通过了和美教师管理的三大基石办法。第一，《绩效考核分配办法》，其中包括了《师德师风考核办法》《教师出勤考核办法》《教师安全考核办法》《班主任考核办法》《教学教研考核办法》《教育教学科研奖励办法》；第二，《年度考核办法》；第三，《评职晋级办法》。随着教师增多、规模扩大，通过民主提议，我们对三大办法中的部分内容进行了重新修订，使办法更加科学、更加完善，得到大多数老师的认同，便自觉遵照执行，和美教师管理自然、融洽相得益彰。

第二章 和美文化——让生命在和美中绽放

第一节 和美文化溯源

学校的发展本质是文化的传承与创新，学校的理念文化是学校的本质、个性、精神风貌的集中体现，是校园文化建设的核心，是学校发展的内在动力。空港新城人和街小学校根据自己的办学历史、所在地的地域文化、合作办学情况，在坚持国家教育的大方针、大原则下，对林林总总教育理念的选择侧重后，形成了学校独特的和美文化。和美教育的思想渊源主要来自中外教育史上源远流长的"和谐教育"思想及"以美育人"思想。

一、承和文化之根，继"和谐教育"之神

空港新城人和街小学于 2017 年 7 月与渝中区人和街小学正式达成联合办学的协议，由此开启了对渝中区人和街小学的全面学习、研究。重庆市人和街小学创建于 1943 年，原名重庆市实验小学，是重庆市的第一所实验小学。在强化人和教育为特色的办学思想引领下，渝中区人和街小学校提出了"人和为魂，和谐育人"的办学理念，以"两江融聚，人和教育"为校园主题文化，形成了"居儒典雅、身正学高"的教师文化；"品德高尚、睿智灵动、强体健魄、尚美惟新"的学生文化，致力于实现"享受人和教育，奠基幸福人生"的教育理想。空港新城人和街小学校传承渝中区人和街小学的人和传统文化，继承和谐教育的精神。

(一)"和"的内涵

"和"是中国传统文化的精华和一种高尚的民族精神。"和"者,和睦、和谐也。个人修身养性要"心平气和";与人交往要"和而不同";治理国家,要"政通人和"。千百年来,"和为贵" "与人为善"等,都渗透于历史上各家各派的思想之中,成为人们普遍接受和认同的人文精神和道德原则。衍生到今天,"和"多为"和气、和睦、和顺、和谐"之意。习近平总书记指出:"中国'和'文化源远流长,蕴涵着天人合一的宇宙观、协和万邦的国际观、和而不同的社会观、人心和善的道德观。在5000多年的文明发展中,中华民族一直追求和传承着和平、和睦、和谐的坚定理念。以和为贵,与人为善,己所不欲、勿施于人等理念在中国代代相传,深深植根于中国人的精神中,深深体现在中国人的行为上。"

(二)"和谐教育"的思想渊源

"和"者,和睦、和谐也。"和教育"是指"和谐的教育"。空港新城人和街小学秉承渝中区人和街小学校的"人和为魂,和谐育人"的办学理念,传承和谐教育的文化思想。

1. "和谐教育"的中国思想渊源

从《周易》提倡天道与人道和谐统一的天人合一论,到《尚书·尧典》所提出并深刻影响儒、道、佛的和合论,再到2500多年前孔子所追求的培养圣人、君子的教育目标,我国和谐教育思想的产生、形成与发展可以说是源远流长的。孔子所说的"成人"就是"仁""智""勇","三达德"的统一,这种思想就含有和谐教育的理念。孔子以后,历代不少思想家、教育家都持和谐教育思想。王守仁较为明确地提出了和谐教育的内涵——教育要"开其知觉""发其意志""导之以理",简而言之,就是使受教育者"知情""意情"得到协调发展。

进入近代,有不少著名的思想家、教育家也提出了和谐教育的思想。1961年王国维在《论教育之宗旨》一文中写道:"教育之宗旨何在:在使人为完全之人物而已。何谓完全之人物?谓人之能力无不发达且调和是也……欲达此理想,于是教育之事起。教育之事亦分三部:智育、德育(即意志)、美育(即情育)是也。"这段话中蕴含的和谐教育思想是十分明确的。"调和"即和谐,"发达"即发展;

"调和之发达"显然就是和谐发展之意。近代教育家蔡元培也明确提出教育要"以世界观为终极目的,以美育为桥梁,要进行体、智、德、美四育和谐发展的教育"。到了现代,党的十六届四中全会提出了构建社会主义和谐社会的重大战略思想。为建设中国特色社会主义,教育是为了培育德智体美劳全面发展的人。此外,陶行知的手脑结合的主张,都寓有和谐发展的教育思想。

2. "和谐教育"的国外思想渊源

在西方,和谐教育的思想可以追溯到古希腊,古希腊"三哲"都是和谐教育思想的倡导者。最早提出和谐教育的应该是柏拉图。柏拉图的《理想国》提出和谐教育,柏拉图认为应通过德、智、体、美诸因素使受教育者养成"身心既美且善"的人。如亚里士多德继承其老师柏拉图关于灵魂三分法的思想,也把灵魂分为理性灵魂、动物灵魂和植物灵魂三部分,还分别与三方面的教育相对应。并认为三部分灵魂密切联系、处在和谐统一之中,所以把体育、德育与智育也紧密地联系起来,即对人实施和谐教育。

到文艺复兴时,一批人文主义教育家以重视儿童(把儿童看作发展的人)为特征,以发展人格为教育任务,希望通过广泛的课程表去培养多方面的和谐发展的人。法国人文主义教育思想代表人物拉伯雷在其著名的教育小说《伽刚丘和潘德格罗尔》中,描绘了一幅使从封建压迫下解放出来的新人接受新式教育而获得多方面和谐发展的教育图景。此外,在这个时期,早期乌托邦社会主义者英国人莫尔通过其名著《乌托邦》,在勾画一幅社会主义制度的轮廓图时,也对"乌托邦岛的公民精通一切当代学问"的全面发展的和谐教育作了细致的描绘。

文艺复兴后的 17 至 18 世纪,一些有远见卓识的思想家、教育家提出了自己的教育主张。如英国的洛克在其教育名著《教育漫话》中,对"绅士教育"的教育目的、内容与方法作了较全面而系统的论述,指出他所希望培养的是绅士,绅士应当接受体育、德育与智育,使他们既具有"文雅态度"的特点,又养成资产阶级事业家的品质。

18 世纪法国启蒙学者、教育家卢梭也具有和谐教育的思想。他在其半小说、半论文体的《爱弥儿》(或《论教育》)中,明确指出了如何培养新社会即资产社会的新人的道路,其基本思想就是倡导自然和自由的教育。主人公爱弥儿所接受的教育内容也是多方面的,既有作为一切基础的体育,也要通过示范教育让他接受一定的道德观念;还要对他进行智育、劳动、道德教育,以培养自己具有善良的情感、正确的判断和良好的意志。

在18至19世纪期间,有一批教育家也不遗余力地倡导全面的、和谐的教育。如瑞士教育家裴斯泰洛齐认为,教育的目的就在于发展人的一切天赋力量和能力,同时这种发展必须是全面的、和谐的。除此之外,德国教育家福禄培尔的教育主张,空想社会主义者欧文的全面发展教育观点,英国教育家斯宾塞关于智育、德育和体育并重的主张等等,也都蕴含有全面和谐发展的教育思想。

苏联教育家苏霍姆林斯基认为:"所谓和谐教育,就是如何把人的活动的两种职能配合起来,使两者得到平衡:一种职能就是认识和理解客观世界,另一种职能就是人的自我表现,自己的内在本质的表现,自己的世界观、观点、信念、意志力、性格在积极的劳动中和创造中以及在集体成员的相互关系中的表现和显示。"不难看出,许多教育家们其共同的基本精神是,自然的发展是有序的、协调的、和谐的,所以人的发展也应当是有序的、协调的、和谐的。

二、承美文化之源,袭"以美育人"之雅

"美的教育"的内涵是解放人的心灵,启迪智慧,走向创造,引领高尚。学校以美育人其目的在于,通过有质量、有内涵的教育教学活动,让学生感受身心的喜悦,激发生命力和创造力,促进精神和谐,赋予学生创造幸福的能力,为学生的终身发展与幸福奠基。

(一)"美"的内涵

"美"羊大为美,代表了一种原始的、朴素的观点:物质丰富,生活就美好。随着时间的推移,"美"的内涵得到了发展,荀子曰:"不全不粹之不足以为美。"这不仅有物质的美,而且有形式的美;孔子曰:"里仁为美。"墨子曰:"务善则美。"很显然是一种道德之美、精神之美了。由此可见,美从物质上升至精神的层面,美,归根到底是因为它反映出我们心底埋藏最深的价值和趣味。新时代,人们向往美、崇尚美、追求美,对美的追求上升到国家层面。

2017年10月18日,习近平同志在十九大报告中强调,中国特色社会主义进

入新时代,我国社会主要矛盾已经转化为人民日益增长的美好生活需要和不平衡不充分的发展之间的矛盾。"美好生活"的标准是"美好",而"美好"的体现就是获得感、幸福感、安全感。获得感的提升为幸福感和安全感提供可能,是"美好"的基础;幸福感以获得感和安全感为前提,是"美好"的核心;安全感的提升是获得感和幸福感的基本条件,是"美好"的保障。由此可知新时代赋予了"美"新的内涵。

(二)"以美育人"的思想渊源

1. "以美育人"的中国思想渊源

在我国一些经典的教育思想中,同时都注重"以美育人"。孔子说"兴于诗,立于礼,成于乐""安上治民,莫善于礼,移风易俗,莫善于乐",认为礼以修其外,乐以和其内。孔子注重音乐的尽善尽美,以此起到教育与教化的作用,"子谓《韶》,尽美矣,又尽善也;谓《武》,尽美矣,未尽善也"。

在我国美育作为教育学的一个重要组成部分,明确地被提倡、论证,广泛付诸实践,还是在近代。第一次将美育置于教育学角度论述的是著名学者、思想家王国维。他认为,"以达完美之域"。他还突出强调了美育的作用,认为美育的独特功能在于,美育是"德育与智育之手段",说明了美育与德育和智育的联系。辛亥革命后,明确地将美育列入教育方针,更全面、更深刻地论述、提倡美育的是蔡元培。美育"以调和人的感情,使人的感情发达",他提出将美育纳入国家教育方针,这是中国教育史上的创举。他指出,美育者,其中特别强调"学校美育"应用美学理论于教育,以培养感情为目的者也,并提出了实施美育的方案。这些对美育的强调,主要是将美育作为一种教育价值观,强调"以美育人"的作用。

2. "以美育人"的国外思想渊源

在西方教育史上,提倡"美育"最力者,首推18世纪德国哲学家席勒。他在《审美教育书简》的第二十封信注释中提到:"有促进健康的教育,有促进认识的教育,有促进道德的教育,还有促进鉴赏力和美的教育。这最后一种教育的目的在于,培养我们感性和精神力量达到尽可能和谐。"在这里,席勒并非旨在将美育与智育、德育、体育相并列,而是强调应把美育理解为教育本身的价值取向。"美育即教育",即合理的教育应是使人"感性和精神的整体达到尽可能和谐"的教育,是个性自由地完善地和谐发展的教育。就席勒的原意来说,他把近代人性状况同古希腊加以对照,对导致人的畸形发展的现实深为不安,从而把"美育"作为改善社会的适当选择。他说:"当我们注意到时代性格的时候,把人性的现今形式与以前的,特别是古希腊人的性格加以对比,就会使我们感到惊讶。""希腊人的本性把艺术的一切魅力和智慧的全部尊严结合在一起,不像我们的本性成了文化的牺牲品。希腊人不仅以我们时代所没有的那种单纯质朴使人们感到羞愧,而且在由此可以使我们对习俗的违反自然(本性)而感到慰藉的那些优点方面也是我们的楷模。他们既有丰满的形式,又有丰富的内容;既能从事哲学思考,又能创作艺术;既温柔,又充满力量。在他们的身上,我们看到了想象的青年性和理性的成年性结合成的一种完美的人性。"

三、融和美文化之韵,绽和美教育之花

"和美"和谐而美,美而和谐。美以和谐、协调、一致、均衡、统一为特点。美的本质属性是和谐。空港新城人和街小学校传承"和谐教育"和"以美育人"的思想理念,将其融合,创办了和美教育,期望生命在和美中绽放,致力于培养"和而不同,尚真达美"的和美少年。

(一)"和"与"美"的辩证关系

古希腊的毕达哥拉斯学派认为"美是和谐与比例",春秋时期楚国的大夫伍举把这个意思表达为"夫美也者,上下、外内、小大、远迩皆无害焉,故曰美",苏联的别林斯基说得更明确,"美是和谐的统一"。反过来,和谐产生美,和谐是美的重要特征之一。清代著名诗人龚自珍发出这样的感叹:"天地之美莫过于和"……从这些表述中我们不难看出,和与美是辩证的统一,和谐、协调、团结、协作形成美,美好的心灵、美好的事物、美好的环境一定是协调、和谐、统一的。和由内生,美于外显。和美,"和"即和谐,是内容和手段,是过程;"美"即美好,是价值追求,是目标。我们认为,教育要"和美"。"和美"是一种由里及表的文化力,通过对内在"和"的渗透、滋润,可以自然而然地影响外在"美"的表现;"和美"又是一种由表及里的教育方式,通过对外在"美"的规范和强调,

又可以对内在"和"的形成发展进行有序的引导。所以"和美"一体两面，互补互生，具有可持续发展的强大的文化生命力。

（二）和美教育的育人目标

"和美"育人目标以"和"为根，体现的是人与人、人与物的和谐共生；"美"为行，体现的是内外环境的美好。学校追求的"和"是和而不同的"和"，人人发展，个个出彩，凸显特质。学校向往的"美"是"尚真达美"的"美"。

"和而不同"是共性与个性的统一。"和"是抽象的，内在的；"不同"是具体的，外在的。容"不同"，才能达到"和"的境界。"和而不同"就是在坚持原则的基础上，不强求一致，承认、包容、尊重差异，支持多样性发展，鼓励百花齐放，让学校具有多姿多彩的生命活力。学校学生众多，每个人都有不同的经历、习惯、爱好、智力水平、家庭背景、文化背景等等。千人千面，学校就需要一种海纳百川的胸怀，包容不同的个性，包容不同的文化，因材施教，唯才是举，开发特质发展的特色课程，提倡多元教学多元发展，为每一个学生找到适合自身的道路，最终实现人人发展，个个出彩，拥有特质的"和而不同"。和谐的教育不是没有原则的你好我好大家好、一团和气和稀泥，而是和而不同、求同存异。学校理念层面的教育哲学、教育追求要取得广泛认同，这是"和"；至于具体的事务管理和教育教学，则要尊重学校、师生的差异性，让学校有特色地发展，让师生以自己喜欢和擅长的方式去参与学校生活，这是"不同"。

"尚真达美"是学校的育人追求，即指学生求真理，崇尚真理，增长智慧；办真事，知行合一，融通世界；做真人，立德立己，志存高远，以善的手段，不断追求完美的境界，最终实现各美其美。教育学家陶行知先生曾说过"千教万教，教人求真；千学万学，学做真人"，"真"既是教育的重要目的，也是学习的重要任务。"真"有三个层面的含义：在认识论层面，"真"指真知、真理，是主观对客观的正确反映；在现实生活层面，"真"指真实、真诚地做事；在价值论层面，"真"指德行的诚实，真诚的交往，也是做真人。"真"是真知、真事、真人。"尚"是指尊崇、注重。"尚真"就要全校师生求真知、办真事、做真人。教师，肩负"传道、授业、解惑"的重任，须有真才实学，要真心诚意；作为学生，要有报国真心,习立业真知,怀友爱真情。"达"是对事理认识的透彻,达到、实现的意思。"美"就是价值观念和审美观念中值得人们去追求或去欣赏的东西。"达美"是对美的追求,按照美的规律来塑造自身。教师要为学生提供素材,引导学生亲身去体验和感受自然美、人性美、艺术美等,让学生理解自身外在美与内在美的统一,理解美与生命、与自然的和谐统一。真的教育也是美的教育,这是人类终极追求的理想境界。

第二节 办学理念的构建

学校建校至今已有 4 年，在全校师生和家长的共同努力，在人和教育集团的办学理念"人和教育"基础上，我们秉承了传承与创新思想，提出了"让生命在和美中绽放"的办学理念即"和美教育"。随着我们不断地深入研究，"和美教育"理念的目标、内容、途径与方法，更加趋于丰富和完善。

一、办学理念的提出

（一）政策背景

2004 年，胡锦涛总书记在党的十六届三中全会中提出"坚持以人为本，树立全面、协调、可持续的发展观，促进经济社会和人的全面发展"的科学发展观，发展是科学发展观的第一要义，以人为本是核心；在中共十六届四中全会中，党中央提出了构建和谐社会的重大战略思想和重大战略任务，从两次全会中我们清晰地认识到：以人为本，以人的全面发展为核心是学校教育的重中之重；在十七大的报告中，党对教育的要求是"要全面贯彻党的教育方针，坚持育人为本、德育为先，实施素质教育，提高教育现代化水平，培养德智体美全面发展的社会主义建设者和接班人，办好人民满意的教育"。到十八大报告，这样的表述略有变化："全面贯彻党的教育方针，坚持教育为社会主义现代化建设服务、为人民服务，把立德、树人作为教育的根本任务，培养德智体美全面发展的社会主义建设者和接班人。"而到了十九大报告："深化教育改革，加快教育现代化，办好人民满意的教育。要全面贯彻党的教育方针，落实立德树人根本任务，发展素质教育，推进教育公平，培养德智体美全面发展的社会主义建设者和接班人。" 具体表述上的变化主要有四个方面：第一，从"坚持育人为本、德育为先"调整为"把立德树人作为教育的根本任务"。这样的调整进一步明确了教育的任务和目的，有助于一线教育工作者更好地贯彻党的教育方针。第二，从"提高教育现代化水平"，调整为"培养德智体美全面发展的社会主义建设者和接班人"。原来的要求强调教育自身要走向现代化，现在的表述要求教育必须和社会主义现代化建设的要求和人民的要求相适应，而且还要率先发展，才能做好服务工作。第三，从"实施素质教育"，调整为"发展素质教育，推进教育公平"。素质教育在我们国家提出已经有二十多年的历史，在实施的过程中有不少经验，但全局性的经验不多。要"发展素质教育，推进教育公平"，体现了党对教育的殷切期望以及对教育的迫切渴望，但这不是一件容易的事情，需要在教育体制等方面进行整体性的、综合性的改革。第四，从"办人民满意的教育"调整为"办好人民满意的教育"。在社会转型期，人们对教育的期盼和要求越来越高，人民日益增长的精神需求和当前教育改革的现状之间还是存在很大差距的。增加"好"字，是要求更加务实。而学校一切教育教学工作的关键就在于教师，一支业务精湛、师德高尚的教师队伍是学校教学质量的根本保障，这需要学校持之以恒地加大对教师的关心、呵护和培养力度，通过和谐进取的教师团体，培养能够积极参与和谐社会构建的社会主义新人。

（二）学校办学背景

学校于2017年7月与渝中区人和街小学正式达成联合办学的协议（附合作协议），根据合作协议，学校命名为"重庆市渝北区空港新城人和街小学校"，由此开启了对渝中区人和街小学的全面学习、研究。

重庆市人和街小学创建于1943年，地处渝中半岛。原名重庆市实验小学，是重庆市的第一所实验小学。在强化人和教育为特色的办学思想引领下，学校提出以"人和为魂，和谐育人"为办学理念，以"两江融聚，人和教育"为校园主题文化，形成了"居儒典雅、身正学高"的教师文化，"品德高尚、睿智灵动、强体健魄、尚美惟新"的学生文化，致力于实现"享受人和教育，奠基幸福人生"的教育理想。

传承"人和教育"的办学理念，结合地域文化、师生文化，提炼出自身的办学理念成为当时的方向和主旋律。

二、办学理念的内涵

(一) 和美文化的概念界定

一般意义的学校文化概括起来讲,是指以学校群体成员为主体,在教育教学和管理实践中逐渐共同创造生成的体现时代特征和社会进步的价值观念、思维方式、行为规范及其活动结果,以具有学校特色的精神形式、制度形式和物质形态为外部表现并影响和制约着学校群体成员的活动方式、精神面貌与文化素养发展,它是社会文化的有机组成部分。

"和美"教育是一种和谐而大美的教育,它是对教育规律的个性化解释。"和美"教育其实就是遵循学生、教师、学校科学发展的规律的教育。也就是我们的学生是否按照儿童身心发展的规律在培养,我们的老师是否按照教师专业成长的规律在培训,我们的学校是否按照名校发展的步伐在前行。在教育实践层面上就是把"和谐而美、美而和谐"的教育思想,贯穿于教育的全过程,和美教育外在表现的是优化育人环境,创造和美的育人空间,从而陶冶孩子的情感和心灵。和美教育内在呈现的是教师以尊重、理解、赏识、激励为核心的教育理念,通过整合各种教育资源,营造舒心、愉悦、适宜的教育氛围与环境,与学生同学习、共成长,造就全面自由和谐发展的人,用真知真爱奠基和美人生。

(二) 和美教育的基本思想

"和美",即"和谐、尚美"。和谐是指结构的协调,是事物按照规律协调运转达到的最佳状态,和谐是内容、手段、过程,是和美教育的本质;尚美是指达到美好的境界,培养和谐发展的人,它是和美教育的价值追求、奋斗目标。和美教育的核心目标是"和而不同,尚真达美"。在承认不同事物之矛盾、差异的前提下,将其统一于相互依存的整体中,并取其长而克其短,使之达成全面和谐、以美育人的目的,最终共同达到美的境界。

"和而不同"是共性与个性的统一。"和"是抽象的,内在的;"不同"是具体的,外在的。容"不同",才能达到"和"的境界。"和而不同"就是在坚持原则的基础上,不强求一致,承认每个人都有不同的经历、习惯、爱好、智力水平、家庭背景、文化背景等等。千人千面,学校就需要一种海纳百川的胸怀,包容不同的个性，包容不同的文化，因材施教，唯才是举，开发特质发展的特色课程，提倡多元教学多元发展，为每一个学生找到适合自身的道路，最终实现人人发展，个个出彩，拥有特质的"和而不同"。

"和而不同"表现在学校教育的方方面面，主要体现在三个方面：第一是个体自身发展的"和而不同"。人的各种素质的发展有快有慢、有长有短，师生理性处理了自身的"慢""次""短"和"快""主""长"才能过健康完整的教育生活。第二是人与人之间的"和而不同"。老师与老师之间、学生与学生之间要尊重多元、张扬个性、兼容并蓄、共享共生。第三是学校与社会的"和而不同"。学校教育是为社会发展服务的，任何脱离社会需求的教育一定没有生命力；同时教育又有引领社会发展的职能，所以不能迁就社会发展，而要走在社会发展的前面，有世界的眼光和格局。

（三）建构"和美教育"办学理念

一所学校凝聚力的形成很重要的一点是有共同的价值观，共同的价值观演绎成师生共同认可的行为准则，这是一种无形的、能动的精神财富。这种共同的价值观即办学理念。

和美教育办学理念包含了办学目标、教育内容、途径方法等许多内容，通过实践，我们可以将其内涵提炼成一句话，即"让生命在和美中绽放"。这里的生命指向的是生命的价值，它既指一个个鲜活学生的生命价值，同时也指每一位教师的生命价值，还包括空港新城人和街小学学校的生命价值。生命的价值在于实现自我发展、自我充实和自我创造。绽放，原指（花朵）开放、盛开。它描摹出花开的过程，同时也呈现出花开最美的情境。在学校中指向的就是学生、教师和学校的成长、发展、升华。让生命在和美中绽放就是指让每一位学生在和美教育中潜能得到开发，个性得到张扬，品行得到提升，审美得到培养，实践得到落实，最终实现人生的第一次完美蜕变；让每一位教师在践行和美教育中自身的师德修为得以提升，专业素养得以发展，教学特色得以彰显，职业幸福得以达成；让空港新城人和街小学办学目标——和立两江，和鸣天下，得以实现。在这一理念的引领下，我们吸收了儒家"和"文化中的精华，提炼出了校训"人和尚进，和谐臻美"；校风"各美其美，和美与共"；教风"儒雅善导，和衷共济"；学风"尚美惟新，和合共生"。通过办学实践，和美教育办学理念的内涵得到了不断的丰富和发展。

（四）和美教育的核心价值

将和美文化与学校教育相结合，孕育而生的"和美教育"，是一种以遵循规律、和而不同、尚真达美为思想核心的教育模式，是空港新城人和街小学在充分发掘弘扬中华民族文化精髓，立足学校办学特色基础上提出来的。"人和尚进，和谐臻美"是和美教育的核心。和美教育的教育思想，是以世界大同和中国精神为主线，用"人和尚进，和谐臻美"的核心理念和方法，对师生进行人和的熏陶和教育，使师生在校园中共同成长，最终发展成为内心和谐、与人和谐、与社会和谐、与自然和谐，最终实现完美绽放。

"遵循规律、和而不同、尚真达美"是"和美教育"的特征。和美教育的目标是指向儿童全面和谐发展的教育，儿童的全面和谐发展包括四个重要的部分：自我之和，即自我的身心和谐健康；与人之和，即与他人能够和睦相处，和谐成长；与社会之和，认识社会、参与社会实践之中把自己从自然人变成社会人，和谐发展；与自然之和，热爱自然，学会与自然和谐相处、和谐共生。和美教育的教育方法，是主张用和美的思想，育和美之人，即教育者形成教育合力，师生同心协力共同发展，培养全面和谐发展具有人和特质的少年。"和美教育"是基于教化而超越教化的教育方法，关注差异化和谐，和美教育只有在强大和谐而美好的环境下才能实现。师与生的和谐美好、生与生的和谐美好、个体与群体的和谐美好、校内与校外的和谐美好，学校中的每个人在动态发展中求得和谐尚美。以和美为核心动力，在和谐美好的校园环境中实施教育，从而收到良好的效果。

三、办学理念的理论基础

（一）文化源脉

中国是一个历史悠久的文明古国，在中华民族漫长的历史发展进程中，创造了独具特色的传统文化。在博大精深的中国传统文化中，"和"的思想占有十分突出的位置。"和"是中国传统文化的内在精神和显著特点，具有丰富的中和、融和、和谐、和睦、平和、和气等思想观念，它包含五个要素：人的和谐是关键，事的和谐是核心，物的和谐是保障，景的和谐是窗口，情的和谐是基础。"和"的内涵很丰富，概括而言，"和"是一种由不同要素所构成的和谐状态，这一概念包含着矛盾的对立与统一，也就是说"和"是矛盾多样性的统一，是事物产生和发展的源泉，是万物存在的基础。

在根本上，"和"不是盲从附和，不是不分是非，不是无原则的苟同，而是"和而不同"。"和"的思想，强调世界万事万物都是由不同方面、不同要素构成的统一整体。在这个统一体中，不同方面、不同要素相互依存、相互影响，相异相合、相反相成。由于"和"的思想反映了事物的普遍规律，因而它能够随着时代的变化而不断变化，随着社会的发展而不断丰富其内容。现在，我们所说的"和"，包括了和谐、和睦、和平、和善、祥和、中和等含义，蕴含着和以处众、和衷共济、政通人和、内和外顺等深刻的处世哲学和人生理念，对中国老百姓的生活、工作、交往、处世乃至内政和外交等各个方面都产生了深刻的影响：表现在人与自然的关系上，强调"天人调谐"，人是大自然和谐整体的一部分，又是一个能动的主体，人必须改造自然又顺应自然，与自然圆融无间、共生共荣；表现在人与人的关系上，要求"和睦相处"，待人诚恳、宽厚，互相关心、理解，与人为善、推己及人，建立团结、互助、友爱的人际关系；表现在人与社会的关系上，崇尚"合群济众"，社会由人组成，个人离不开社会，应当尊重个性，鼓励个人的追求和创造，又必须融入集体，把个人的目标同社会的需要结合起来；表现在各个国家的关系上，倡导"协和万邦"，国家间应当亲敬仁善、讲信修睦、礼尚往来，不能以大欺小、以强凌弱、以富压贫，国际争端要通过协商和平解决，各国之间应在平等相待、互相尊重的基础上发展友好合作关系；表现在各种文明的关系上，主张"善解能容"，各种文明都是人类文明的组成部分，都对人类文明做出了贡献，不应当相互排斥，而应当彼此尊重、相互学习、保持特色、共同进步。"和"文化对于我们空港新城人和街小学来讲，就是要以和谐的校园文化与教师文化培养出能和谐相处却又各具特点的学生群体。

（二）和谐尚美教育思想历史回顾

和谐教育及其思想并非始于今日，而是走过了一个相当漫长的发展历程。因此，为了把握和谐教育的实质，有必要对和谐教育思想的发展历史进行回溯。

中国和谐教育思想，可以说源远流长，与中国的历史、文化同样悠久和灿烂。最早的和谐教育思想萌芽于2500多年前，当时的孔子认为教育目标是要培养圣人、君子或成人。"六艺"（礼、乐、射、御、书、数）是教育内容，把仁、智、勇三者统一起来，以培养学习者成为"成人""君子"乃至"圣人"。战国时期，荀子主张以全（指人的知识、才智、品质等发展完全、全面）尽（指发展彻底、极度）粹（指发展精粹、完美）的标准去培养"成人"。明代王守仁在前人的基础上总结了比较明确的和谐教育思想：教育就要"开其知觉""调理其性情""发其志意"或"顺导其志意""导之以礼"，使"动荡其血脉""固束其筋骸"，最终"日使之渐于礼仪而不苦其难，入于中和而不知其故"，使受教育者知、情、意、行、身、心和谐发展。到了近现代，王国维在《论教育宗旨》一文中提出教育就是要培养"完全之人物"的目标，并通过体育、智育、德育、美育的实施，培养身、心两方面均获得了和谐发展的人。蔡元培的五育并举、陶行知的手脑结合等主张，都寓有和谐发展的思想。

在西方，和谐教育思想可以追溯到古希腊时期，如柏拉图、亚里士多德等先贤都是和谐教育思想的倡导者。他们主张将体育、德育与智育紧密地联系起来使之处于和谐统一之中。文艺复兴时期，一批人文主义教育家为学习者提供了一张包罗很多学科的课程表，希望培养多方面和谐发展的人。近代社会，英国的洛克、法国教育家卢梭、瑞士教育家裴斯泰洛齐、德国教育家福禄培尔、英国教育家斯宾塞等不遗余力地倡导全面的、和谐的教育思想。

通过对和谐教育思想历史发展的认识，我们认为尊重、关心、理解、信任学生是和谐教育思想的前提。和谐教育既要注重学生的全面发展，又要重视学生的个性发展。全面发展要求培养学生达到国家在德、智、体、美等基本范畴规定的所有受教育者都应达到的基本标准，最终实现身心和谐发展。个性发展必须以尊重基本的道德价值规范、遵守国家法律为基础和前提，是在全面发展基础上的选择性发展。因此，和谐教育就是要培养全面发展而富有个性的人，既德才兼备又保持个性。

庄子讲过,"天地有大美而不言,四时有明法而不议,万物有成理而不说"。结合后面两句来理解,这个"大美"不是指不事雕琢的"自然之美",而是指"自然之道",指自然运行的规律。从中我们得到关于美教育的深刻启示:一是在教育目标层面,要追求眼前功利,但更要着眼长远目标。不可否认,在现在的体制下,很少有学校能够完全不管排名、评比这些功利的事情,但如果学校教育只是在这上面乐此不疲,那就舍本求末了。所以说,教育还要着眼学生的长远利益,要为学生将来的成长和终身的发展考虑。这样,才是对人的发展规律和教育规律的尊重。二是在教育内容层面,要关注自然美、物质美等外在的美,但更要有艺术美、精神美的内容。人需要在自然美、物质美中放松身心、享受生活,我们并不排斥这种正当的需求,相反,教育要让学生学会去欣赏和享受这些美。不过,我们都知道,艺术美、精神美等对于人来说是更高层次的美,是"大美",教育当然要把重点放在这个上面。三是在教育策略层面,教师要言教,但更要身教。"学高为师,身正为范",身教重于言教,只有知行合一,率先垂范,才能净化学生的灵魂、重塑孩子的品行,真正达到和美教育的目的。

四、办学理念的实践意义

"和美"教育是一种和谐而大美的教育,它是对教育规律的个性化解释。"和美"教育就是遵循学生、教师、学校科学发展的规律的教育。

在教育实践层面上把"和谐而美、美而和谐"的教育思想,贯穿于教育的全过程,和美教育外在表现的是优化育人环境,创造和美的育人空间,从而陶冶孩子的情感和心灵。

和美教育内在呈现的是教师以尊重、理解、赏识、激励为核心的教育理念,通过整合各种教育资源,营造舒心、愉悦、适宜的教育氛围与环境,与学生同学习、共成长,造就全面自由和谐发展的人,用真知真爱奠基和美人生。

我校作为重庆地区一所现代化特色学校,不但在办学过程中受人和文化洗礼,更肩负着传承人和文化的责任,展示和而不同的文化内涵。

第三节 和美文化塑造

学校文化具有行为导向、陶冶激励、启迪智慧、规范约束、团结凝聚、向外辐射等功能，是办学诸要素中最具内生力和基础性的要素。对于一所学校来说，学校文化既反映了学校所有师生的精神面貌、日常行为等多个方面的状态，也对学校整体的发展起到重要的影响。为了让和美文化在学校里落地、生根、发芽，扎根于心，外化于行，内化于心，我校做了大量的工作。

一、和美校园物质文化

学校物质文化是学校文化的有形部分，一方面是学校内看得见、摸得着的物质化的文化形态，是学校文化存在和发展的物质基础；另一方面又是学校文化"内核"的载体，体现着一定的价值目标、审美意向等。校园物质文化是学校特色的重要表征，是学校重要的教育资源，是催生教师专业成长和学生生命发展的深厚土壤，是学校人文传统和优良校风的根本之源。良好的校园文化建设，可以营造良好的育人环境，丰富师生校园文化生活，拓展学校的内涵建设，提高师生员工的凝聚力，培养良好的校风，提升学校办学水平，全面推进素质教育。我们的具体做法是，根据儿童的身心发展规律，将"和""美"等文化要素融入学校的校歌、校门、连廊、绿化、人文景观之中。

（一）学校标志系统

学校标志是学校形象的缩影和人文精神的彰显，是师生引以为豪的标识和教育意义的象征，是学校的符号和办学理念的承载。学校标志，既具有直观性和美观性，又具有激励全体师生积极奋发的作用。

1. 校徽

校徽基础色调为红、绿、蓝。红色代表中国传统文化，空港新城人和街小学秉承"人和"精神，注重"自我之和、他人之和、社会之和、自然之和"，由小至大，从欣赏和乐,到讲和合,重诚和,致中和,最终求得谐和。 绿与蓝,代表两江,即嘉陵江与长江,意味着教育之路如两江之水源远流长,奔流不息,永远向前。校徽由三个意象符号组成。下方蓝色符号为地平线,代表六年的学习时光为学生一生奠基,这是腾飞的起点,也是孩子们和美人生的起点。上方两个符号为机翼,以"和""美"为翼,象征我校在渝北这一临空都市区,腾空而起,搏击长空,超越自我,和美绽放。

2. 校名

中文标准字由方正润扁宋简体字体演变而成,有沉稳、平和、雅拙、舒逸之感。同时两行间距之间先水平切割,再如砌墙一般使上下互相融合,表现空港新城人和街小学"和"文化。

3. 桂花

桂花娇小玲珑、缀满枝头,清可荡涤,浓可致远,有朴实无华、无私奉献的寓意。其中也蕴含着"和美"文化的精髓,一朵桂花花无奇,满树桂花花满楼,个人的力量是有限,团队的力量是无穷。

（二）校园建筑及文化景观

1. 人和六景之人和为魂

由汉白玉印章＋篆刻床＋石刻和字辅助组成。人和印章，体现的是人和教育集团的核心办学理念：人和为魂，和谐育人。印章的长和高是一组黄金比例，宽和高又形成另一组黄金比例，同时印章牢牢地镶嵌在刻床里，形成一个整体，再加上石刻和字，从而达到和谐之美。

2. 人和六景之水韵人和

水景与40余个"和"字组成，上善若水，潺潺流水，灵动之美，40余个"和"由青石垒砌而成，"和"字的雕刻运用阴刻和阳刻手法，追求自然、朴素之美。40余个不同书体的"和"字诠释华夏五千年字体的演变历史。水韵人和既是对水景、"和"字的概括，同时也蕴含着我们的办学思想，以水润泽，人心向和。

3. 人和六景之翼搏长空

由校徽拆分后，又重新组合，整个雕塑10余米高，下面是一个圆柱形底座，6个意向机翼由大到小组合而成。象征正义之气直上云天，体现空港人和积极向上，展翅翱翔，搏击长空的气概，也是校训"人和尚进，和谐臻美"的最好呈现。

4. 人和六景之桂语诗路

20棵桂花树、150余米的两江长廊、五彩缤纷的小座椅、数十把油纸伞，再加上童真童趣的书画作品。中秋时节，丹桂飘香，花瓣随风起舞，油纸伞左右荡漾，师生悠闲地坐在椅子上，读经典，话心声，悟人生，这就是教育的诗路。

5. 人和六景之缤纷T台

由背景墙、小舞台、座椅组成。缤纷T台是一个竞技场，也是展示自我的舞台。如果说桂语诗路是宁静致远的优雅之美，那么缤纷T台就是个性张扬的奔放之美，这样巧妙地搭配组合，一静一动，相得益彰，形成了和谐之美。

第二章 和美文化——让生命在和美中绽放

6. 人和六景之童心绽放

由孩子们一张张童真无邪的笑脸组成。笑是表象，其核心是学生内心的绽放，是一种愉悦的表现，是成功，或是成长。学生在"和美"教育六年的培养下，每一个生命都得到绽放，活得自信、精彩、幸福。

（三）校刊《和美教育》

校园有了文化，就有了丰厚深邃的文明底蕴；校园有了艺术，就有了活泼灵动的精神升华；我校校刊《和美教育》集文化、艺术、科技于一身，在教学之外给学生留一片"空地"。

（四）校歌

一撇一捺方为人，
一撇写成长，
一捺绘梦想；
一禾一口亦为和，
一禾种希望，

35

一口唱远方；
一撇一捺方为人，
人知之，愈思勉，
人立志，存高远；
一禾一口亦为和，
和为贵，德有邻，
和生物，明事理，
天时地利有人和。
啊，人和少年和美向上，
乘着歌声的翅膀，快乐飞翔；
啊，人和少年和美绽放，
伴着光阴的期待，闪耀两江。

"天地之美莫过于和"。和之极致即为美。为追寻和谐而大美的教育，空港新城人和街小学秉承优秀传统"和"文化，提出了"让生命在和美中绽放"的办学理念。一撇一捺方为人，一禾一口亦为和。为陶冶孩子纯真的情感，营造和谐的育人氛围，校歌《和美少年》应运而生。

《和美少年》是一首原创儿童歌曲，对"和美文化"进行了新的诠释：一撇一捺方为人，一禾一口亦为和，歌词意蕴悠长，娓娓道来，如和煦春风；中间采用说唱，适时融入民族乐器，使旋律婉转明亮，淡雅而浓烈，每每吟唱，令人振奋。

二、和美校园精神文化

1. 传播具有和美教育理念的先进教育思想

传播具有和美教育理念的教育思想，要以课堂作为传播的主要环境载体，还要加强实践教学中的美育，同时辅以新媒体等途径推进开放共享、生命教育，有助于提升学生审美能力，进而实现美育创新。

传播和美教育理念，无论采用何种方式都要坚持内容与形式辩证统一的立足点，加强精神文化建设的广度。将学生的价值观、道德观和审美观完美融合在一起，形成完整的具备和美教育理念的教育思想。

在一般意义上，审美文化是衡量办学品质的重要方面。和美教育理念不是以

"填鸭式教学"和古板的说教为教育方式,而是以他们对美的欣赏作为食物,以审美能力提升作为其中的营养,最终在情景交融、身心愉悦的情况下达到入情入理的陶冶和熏陶功能,使学生在身心完全放松的情况下与美的体验产生精神共鸣、情和理的相互协调,能够使学生在享受美的同时也升华了情感。

2. 营造富有人文精神的校园审美文化氛围

创造富有人文精神的校园审美文化氛围,就是要开拓校园精神文化建设的深度。注重培养学生的人本精神,这是和美教育的一个重点。在学校发展过程中,一定要将和美教育中的人文价值观念作为重点,通过结合校园精神文化和审美教育更好地引导学生,为学生形成正确的价值观起到促进作用,净化学生的心灵,使其更好地走好人生的每一步。

教师作为人文精神的传播者重视和美教育,教育引导学生时需要根据不同学生的性格特征和艺术特长因材施教,逐步将和美教育潜移默化到他们的日常生活中。创造富有人文精神的校园审美文化氛围还需要师生共同发挥主观能动性,以较强的精神控制力来提升自身的精神境界和审美文化品位,通过艺术课、课外艺术活动和人际审美关系等创造校园审美文化氛围。

此外,要构筑校园审美环境。审美环境处于校园审美文化的表层,体现为物化的校园审美氛围。环境的美化使物质具有精神内涵,使外在校园环境与学生的心灵产生共鸣,审美环境是学生个性情感栖息与生长的场所,具有独特的美育功能。

三、和美校园师生文化

(一)教师文化

教师文化是学校文化的核心部分,是学校文化建设的根本,教师文化是一种组织文化,是教师在长期的教育实践过程中所形成的,代表教师群体共性的价值取向和职业行为特征,并成为维系教师团体的一种精神力量。教师文化是反映一位教师内涵的表现,体现一位教师的综合素质,体现的是教师的整体风貌和生活态度。

我们认为教师文化建设包括:领先的教育理念、专业的教学研究、丰富的文化活动等。

1. 教师的教育理念

"教育理念是教育主体在教学实践及教育思维活动中形成的对教育的理性认识和主观要求"，蕴含着教师对于教育现实的理性思考和未来教育的理想期望，是教育的必然规律与教育理想的完美结合。它通过影响教育目标的确立、教育内容的取舍和教育方法的选择，进而对整个教育活动进行定向和调控。

教育理念不仅影响着教育的性质与状态，而且规范和引领教师的教育实践，使教师的活动合乎教育目的并实现同步发展。科学的教育理念能够赋予教师行为一种超越自身、跨越现实的功能，产生持续性发展的内在动能。

如果丧失教育理念，教师就会局限于当时的条件或眼前的利益，受到急功近利心态的影响和摆布，使教育行为呈现出短期性、局部性、离散性，从而导致教育行为的偏颇或失误，影响学校教育。

2. 教师的行为文化

（1）具有较强的组织能力

组织能力是教师取得教育教学成功的保证。教师要能集中学生的注意力，灵活调节教学进度，建立起一个具有良好学风的班集体，创造一个良好的学习环境，以饱满的热情、旺盛的精力、丰富的想象力，创造性地组织学生开展课外活动。此外，教师还要有效地利用好课堂时间，活跃课堂教学气氛，调动学生学习兴趣，引导学生积极思考，发展学生的创新能力，维护课堂秩序，这样才能收到预期的教育效果。

（2）具有较强的教育教学能力

教育教学活动是双边活动，也是一种创造性很强的活动。教师教育教学效果的好坏与其自身的教学能力息息相关，没有较高的教育教学能力，不可能有好的教学效果。科学技术的飞速发展，给教育教学活动带来了无限的活力，同时，也带来了机遇和挑战。教师只有具备了精湛的专业技能和高超的教学技巧，才能在教育教学中游刃有余，达到"传道、授业、解惑"的目的。

（3）具有较强的语言表达能力

语言是表达和交流思想的工具，是学好知识的基础。教师良好的语言表达能力是开展教育教学工作最重要的因素之一,它不仅直接影响着学生对知识的接受程度,也直接影响着学生语言和思维的发展。教师较好的语言技能,可以帮助自己更好地完成教学任务、实现教学目标。教师犹如一名演员,表演要到位,努力做到用词精练,言之有物,吐字清晰,生动活泼,富有感染力。

(4)具有较强的教育技术能力

随着现代教育技术的广泛推广和运用,信息技术和计算机技术日益深入教育领域,现代教育技术在信息化的教育活动中发挥着不可或缺的作用。作为教育教学活动的组织者、实施者、管理者、指导者,教师不仅要掌握专业知识,还要掌握现代化教育的基础知识,具有利用现代化信息技术获取、分析、处理、加工和传播信息的基本技能,实现网络教育与课程的整合,提高自己的知识水平和业务能力。

(5)具有较强的教育科研能力

教育科研是改革和发展教育事业的条件,同时也是教师发展能力、提高素质的重要方式之一。教师只有投身教学研究,才能够在把握规律中超越自己。"以研带训"是教师培训的重要模式。教学科研是对教师的深度培训,是搭建观念与模式、理论与操作的桥梁。教师在工作中要善于及时总结自己的经验,不断地去研究和探索新问题,并使之不断升华,达到理论的高度,这样才能把先进的教学理念转化为教学实践。教师只有具备较强的教育科学研究能力,才能提高教育教学质量,培养出合格的人才。

(6)具有较强的思想工作能力

作为教师,应当根据学生的思想表现、学习态度、认知、兴趣等方面情况进行一系列的思想教育,使他们健康成长。

3. 培育和美之师

(1)和美新教师展示

在每年的校内展示课中,我校新调入和新参加工作的老师们会在录播室向全校老师展示一堂现场课。

(2)和美师徒结对

我校以"老带新"作为新教师队伍整体进步,促进教师队伍发展,推动教师队伍茁壮成长的重要方式。

（3）和美教育研讨

我校每周开展学科内的教研会，每学期开展一次和美论坛、新教师培训会、班主任沙龙等，有利于整合各学科、各年级的教育资源，充分利用校内优秀资源，促进教师成长。

（4）和美杯赛课比赛

每学期都会举行一次和美杯赛课比赛，由每位教师自愿报名到年级推选以及特色课程展示和优秀教师课堂展示组成，这成为每位和美教师专业成长的必经之路。

（5）和美团队活动

每学期，我校都会组织各种各样的文体活动，增强教师的凝聚力，比如：教师趣味运动会，教师基本功展示，党员活动等。

（二）学生文化

教育文化学研究学者郑金洲，曾对学生文化系统研究后指出：学生文化是学校文化中的一种亚文化，是学生群体的价值观念和行为形态。中国青少年研究中心研究员洪明认为：学生文化是学生在学校及校外以完成学校学业为核心任务而呈现的活动方式和价值观念的统称。定义说法虽不同，却有共通之处。

我们认为，学生文化，是指学生群体共同生活、学习中积淀而成的价值观念、思维习惯、文化取向和行为方式的总和。我校致力于培养"和而不同，尚真达美"的和美少年。

具体指向为：懂礼仪，会学习，能管理，会劳技，擅艺美，会创造六大项目。因此，和美少年评价分为六个项目：礼仪评价、学习评价、岗位评价、艺美评价、劳技评价、创造评价。具体包括礼仪评价中的体态礼、站姿礼、坐姿礼和敬语；学习评价中的语言表达、书法、设计与再造作业、我当小老师和体艺等项目；岗位评价中环保管理员、集会管理员、门窗管理员、安全管理员、两操管理员、着装管理员、物资管理员和学科助理等项目；艺美评价中的艺术基本技能、艺术审美体验、艺术专项特长；劳技评价中整理、制作、保洁、家政、设计、护理；以及创造评价中模仿类、改进类、独创类等多个子项目，最终形成完善的和美评价体系。

第三章　构建和美课程
——和而不同，尚真达美

第一节 和美课程的构建

一、和美课程的目标

在"和而不同，尚真达美"的课程目标指导下，我们的育人指向具体为：立德立人，志存高远；启智增慧，融通世界；各美其美，趣创未来。其中追求学生在树立强国梦想、养成以礼待人品质和寻求自切的学习方法上的"和"，与学生的兴趣特长、自我优秀品质和课程创造方面的"不同"，最终学生从各自不同的方面和渠道达到德智体美劳的发展，实现各美其美，和美绽放。

1. 立德立人，志存高远

自尊自信，乐观向上；遵守公序良俗，学会以礼待人；用中华优秀传统文化、革命文化、社会主义先进文化培根铸魂，锤炼品德，知行合一，向美而行。

增强社会责任意识、民族自信和家国情怀，坚定地走中国道路，弘扬中国精神，凝聚中国力量，树立"中国梦"。

2. 启智增慧，融通世界

树立终身学习的理念，养成良好的学习习惯。积极参与，善用工具，积极反思，融通知识。

热爱生活，善于合作，解决问题。尊重差异，多元融通，立体互动，具有全球化视野。

3. 各美其美，趣创未来

尊重差异，阳光自信，求同存异，包容共享，在自我突破和互学共进中实现自我。

遵循天性，善思感想，激发潜能，探究革新，在实践体验和成长乐趣中创造未来。

二、和美课程的框架

基于"五育融合"，全面助推学生立体成长的原则，学校以培养"和而不同，尚真达美"的和美少年为育人总目标，建构了"双基+三拓展"的四级和美课程体系。"双基课程"是指基础类课程，是国家课程和地方课程的总称。"三拓展课程"是指校本拓展课程，包括学科延伸课程、学科融合课程和学科应用课程。

和美四级课程体系中，一级课程主要指向基于学科的基础课程，包括语文、数学、英语、科学、体育、音乐、美术、信息技术和道德与法治，这些基础课程是学校延伸课程、学科融合课程和学科应用课程的根。

二级课程也叫和悦课程，指向学科内延伸的拓展课程，是基于基础课程单线延伸出的课程，如基于语文课程延伸出的经典吟诵课程、基于数学课程延伸出的趣话数学，类似的学科单线延伸的课程还有和美+礼仪、童眼看世界、人人小岗位、趣味配音、运动健康、律美音符、创美三画和编程设计。基础课程与和悦课程反映了和美课程体系中基础层次的和，把国家课程与基于国家课程的校本课程作为课程箱，为学生提供扎实的基础与多元化选择，把基础与可能的个性化发展有机结合起来，为更深层次的个性化与整体发展奠定坚实基础。

三级课程即和融课程，是指基于学科间联系的学科综合课程，它是由多个学科融合而成的课程，如融合了语文课程、科学课程和劳动课程的桂语飘香、漫画双节，类似的学科多线融合的课程还有漫游戏剧、3D设计、律动啦啦操等。学生的发展是以知识融合式发展为基础，以课程综合为条件，以问题解决为导向。更广泛和更深层次的和融课程，促进了学生个性化发展基础上的整体发展，为更高水平发展提供了条件。

四级课程也叫和创课程，是多学科学习之后融合（跨界）课程，综合运用多学科解决实际问题的课程，是将行动、体验和实践融会贯通的课程，如应急救护、职业体验、行走研学、三园札记、智慧科创等。知识学习和技能掌握只有贯穿于社会生活中，才能更好地深化发展。项目化实施为目标，是课程体系中更高层次的课程。

第二节 和美课程解读

一、和美课程的性质与原则

（一）"双基+三拓展"课程的性质

"双基+三拓展"课程以语文、数学、音乐、美术、体育、劳动等12门国家课程为基础，并在此基础上延伸拓展三级活动课程，统一构成和美课程体系。课程以学生必须掌握的基本知识和技能为基础，充分利用学生成长生活中的资源，创设活动，以课程串联活动，让学生在活动中收获，在生活中学习。"双基+三拓展"课程是基于学生真实生活需求和发展需要的，以知识学习、能力培养、社会认识、情感熏陶和文化传承为主要内容的综合性实践活动课程体系。

课程关注学生的人人发展，尊重学生根据生长环境和个人兴趣的不同发展需求，寻求学生和而不同的发展势态。同时，课程在资源开发、课程内容、活动设计和课程评价等多个方面，尊重这种差异性的存在。深度挖掘多样化资源，以丰富的课程体系，铸就学生多样化发展，真切实现人人出彩。"双基+三拓展"课程是综合性实践活动课程，在基础课程的保障下设置学科拓展、跨学科融合、多学科综合课程，把课程教学融合于活动，把教学资源投入学生生活情景。课程体系实现一课程一套主题大活动，分项目设计小活动，分时段设置月活动，以丰富活动促进学生体验式成长。"双基+三拓展"课程下的学生都是完整的人，不把学生的知情意行刻意剥离，而是在成长过程中不断融合、统一。简单来说，课程把知识学习、能力培养、社会认识、情感熏陶和文化传承进行整合，依托生活情景的课程活动也尊重知识、能力、情感、态度、价值观的有机联系，保留学生的真实体验。

（二）"双基+三拓展"课程的原则

1. 生活性原则

"双基+三拓展"课程的内容也充分尊重学生的真实生活情景，不把学习与生活剥离，旨在培养具有社会认知和社会生活能力的人。本课程回望历史生活，总结经验，传承文化；立足当下生活，紧扣真实问题；指向未来生活，为学生的未来生活赋能。课程从关注学生的真实生活需求出发，立足于生活中实际问题的解决。课程紧扣身边的学校资源、生活资源、社会资源和家庭资源，把真实情景搬入课堂，实现生活与课堂的联系。课程从时间和空间上保证了生活性，"双基+三拓展"课程不是单纯的机械式学校课堂课程，由于其较多的活动和综合性，课程有效衍生到课外、校外，融入社会和家庭，形成家校社有效的教育场域，实现学生的生活即教育，也从根本上落实学生知行合一。

2. 发展性原则

课程关注生活，更关注生活中人的发展，无论是课程目标设定、内容选择，还是评价设置都体现了课程的发展性原则。课程以"未来人才需要"为出发点，旨在立足于目前的生活情景和可能存在的现实问题，设计活动。学生能够从源于现实生活的课程情景中，养成能力，提高素养。同时"双基+三拓展"课程的发展性是多样的，它尊崇长远发展和多样发展，不仅关注学生未来美好生活，更尊重学生独特发展。它以"人人发展，和而不同"为理念，关注学生在课程学习中的进步和成长，以过程性评价和跟踪评价检测学生学习的过程。和美教育关注孩子的一生，"双基+三拓展"课程就以孩子的一生发展为出发点，注重课程内容的更新和时代性，强调课程活动的有效性，增强课程评价的未来指导性。以发展的课程，发展的课程实施方式，铸就有发展潜力的社会人。

3. 综合性原则

综合性是"双基+三拓展"课程的最主要的原则。课程以儿童身心的均衡发展为最高目的，围绕主题，以儿童的直接经验和实际生活为基础，配合其能力、兴趣和需要，在课程和活动中促进儿童多层次、多角度、多学科的发展。尤其是"三拓展"课程中的和悦课程、和融课程、和创课程都是充分体现了学科间、跨学科等多层次的交叉和综合。其综合性也不仅仅体现在学科综合中，"双基+三拓展"

课程的综合性指向学生能力的综合发展，通过活动推进学生知识与能力全面进步，同时促进学生在全面基础成长的跳板上有自己独特的爱好和特长。可见，这个综合性来自于课程目标的整体综合，课程内容的跨学科综合和课程规划的整体发展。

二、和悦课程的目标与内容

（一）和悦课程目标

和悦课程以培养学生创新精神、实践能力为重点，促进学生全面发展，为全面提升办学水平而努力。丰富学生的课余生活，促进学生个性发展，让学生获得成功的体验，呈现出多姿多彩的校园文化生活。通过和悦课程，主要有以下目标：

1. 让学生了解自我的兴趣爱好、能力特质，形成自我发展的目标、促进自我规划的实现，达到"认知、体验、感悟、内化"。

2. 激发学生好奇心及观察力，善于从实际生活中发现和主动探索问题。

3. 培养学生与他人合作学习的能力，形成团队精神，在学习活动中有自律意识和关心他人的情感与品德。

4. 通过和悦课程，构建健康的校园文化氛围。陶冶道德情操，涵养艺术情趣，提高科学素养，锻炼强健体魄，充实课余生活，促进学生身心全面发展。

（二）和悦课程内容简介

1.《书法课程》

课程一：硬笔书法

（1）正确的坐姿与执笔方法。

（2）基本的楷书笔画及与之相关的独体字间架结构的学习。每节课学习其中一项内容，系统学习点、横、竖、撇、捺、提、折、钩等笔画，以及竖钩、斜钩、卧钩、竖弯、竖弯钩、竖提、横钩、横折等复合笔画的书写，为以后的学习打好基础。

（3）汉字的演变和笔顺的基本规律、汉字的结体规律、字形的演变、书法故事等与书法相关的知识。

课程二：软笔书法

（1）了解中国书法的历史：先秦书法（甲骨文、金文）—汉书法（篆书）—三国两晋南北朝书法（篆、楷、隶）—隋、唐、五代书法（草书）—宋（金）代

书法 — 元代书法 — 明代书法 — 清代书法。

（2）掌握毛笔的执笔要领和正确的书写姿势，了解笔、墨、纸、砚等常用书写用具的常识，学会正确使用与护理。注意保持书写环境的整洁。

（3）学习用毛笔临摹楷书字帖，掌握临摹的基本方法。学会基本笔画的写法，初步掌握起笔、行笔、收笔的基本方法。注意利用习字格把握字的笔画和间架结构。

（4）欣赏书法作品。了解条幅、斗方、楹联等常见的书法作品幅式。

2.《话故事》

分年级听故事、讲故事、说感想、演故事。

一年级：孔融让梨、画蛇添足

二年级：凿壁偷光、司马光砸缸

三年级：纸上谈兵、精忠报国

四年级：投笔从戎、卧薪尝胆

五年级：负荆请罪、滥竽充数

六年级：讳疾忌医、三顾茅庐

3.《品读经典》

课程一：古代蒙学

低年级以《三字经》《弟子规》《百家姓》《千字文》为主。以习见闻，读《百家姓》以便日用，读《千字文》以明文理，而《弟子规》则与《三字经》一样，三字一句，合辙押韵，便于低年段学生诵读。中高年级从"四书五经"中选取部分内容，作为高年段学生的诵读内容。根据小学生的年龄特点和理解能力，重点以《论语》《诗经》为主。每学年国学经典故事中选编 8 个故事编入《品经典》校本教材，低年级以选编道理浅显的为主，注重良好品德奠基，随着年级增高，逐渐加深。至六年毕业，争取诵读完成 40 个国学故事。《弟子规》作为一年级诵读篇目；《三字经》作为二年级诵读篇目；《百家姓》作为三年级诵读篇目；《千字文》作为四年级诵读篇目；五年级以选编《论语》为主；六年级以选编除《论语》以外的其他"四书五经"著作内容为主。国学经典每学年不少于 8 篇。教材内容包括原文、注释、译文、赏析、读解、练习、写一写、主题演讲、故事比赛等。

课程二：唐诗宋词

以唐诗为主体，宋词为辅。按照《语文课程标准》规定的必背篇目为依据，根据学生的年龄特点，每学年选编16首诵读篇目。低年级主选《课程标准》规定篇目，高年级可适当拓展选择范围。内容包括诗文、注释、作者简介、译文、欣赏、练一练、背一背等。

课程三：红色经典诗词

以革命红色经典诗词为主，各年级按照学生年龄的特点不同选择不同的红色经典诗文，每学年不少于8篇。教材内容包括诗文或诗词、注释、作者简介、寓意、欣赏、练一练、背一背等。

4.《话数学》

课程一：说书

"说书"指课后在家复述当日课本所学，录制成微视频在微信群分享的互生课程。先进行自我介绍和"说"课题，接着重点说清楚知识点及对应的数理算理，最后致谢。

课程二：说题

说题目的解法就是"说"出对某一数学问题的具体认识、理解以及解决的策略。包含"说根源""说概念""说思路""说变式""说陷阱""说推广""说反思"等方面。

课程三：说树状图

一年级主要是教师带领学生整理单元知识树状图，学生回家将本单元的知识整理说给家长听。二年级主要是教师引导、学生尝试自己整理知识树状图，说给家长听。三年级到六年级主要是放手让学生自己整理树状图，说给老师、同学、家长和自己听。

课程四：说不同见解

"说不同见解"是表述自己对数学问题的不同看法，可以试图去说服别人或者被其他同学说服。

课程五：说生活中的数学

在生活中说数学。如一年级学习加减法时，可让学生说一说生活中的"9＋5－3"等。三年级学习长方形时，让学生找一找生活中哪些物体表面有长方形，并和家长说说怎么判断的。

课程六：说数学故事

书本中及书本外的数学文化故事、数学励志故事、数学发展故事、数学家的故事等为内容载体，引导学生采用"说"故事的形式进行展示。

课程七：漫话数学

分为数学微实验和微演讲，数学微实验可以是重在拓展思维的课堂延伸微实验、重在提升素养的生活情境微实验、重在全面发展的学科融合微实验。数学微演讲的主题可以是生活中的数学现象、体验到的数学感受、不一样的数学情趣（数学幽默、数字谜、数字诗）等。

5.《英语拓展课程》

扩充一套英语校本课程扩充资源包，内容包含不同主题供学生选择。三年级：self-introduction；四年级：Introduce your friends；五年级：Introduce your school / school culture/ hometown；六年级：Introduce Chinese culture 等。

6.《国韵课程》

课程一：水墨国韵

水墨国韵以国画的表现手法为主要研究对象，重在培养学生认识美、发现美、欣赏美、应用美的能力，学会用笔、用墨的方法，掌握简单的植物、动物、山水的画法。评价上以多鼓励优点为突破口，鼓励孩子多尝试、多体会，真正在实践探索中完善自己。主要包括简单蔬果的绘画，如：白菜、茄子、葡萄、枇杷、荷花、水仙、牡丹花等。

简单昆虫的绘画，如：蝴蝶、蜻蜓、螳螂等。学习简单鸟类的绘画等。欣赏优秀作品，指导学生结合优秀作品分析构图，并创作。

课程二：彩线艺韵

以线描装饰画相关基础知识为主，侧重于技法传授与训练，以便为今后学生有意识地创作线描装饰画打下基础。主要包括认识点、线、面，分割形状的方法学习，装饰手法的综合运用学习。

7.《音乐课程》

课程一：悦唱

对不同节奏型的认识及听、说、读、写、唱；对各音级的唱名、音名、简谱的认识；对各种音乐记号的认识与理解；合唱团员对合唱作品的结构能够进行简单分析；能够用准确的音高、清晰的歌词、清晰的发音进行演唱；用连贯、跳跃等不同演唱方式进行演唱；能够识读乐谱进行演唱；能够聆听控制，合作演唱多声部合唱作品。

课程二：悦乐

认识口风琴，掌握识谱技能，学习乐理知识。低段曲目：《粉刷匠》《布谷》《小红帽》《洋娃娃和小熊跳舞》《时间像小马车》《两只老虎》。高段曲目：《匈牙利舞曲》《拉德斯基进行曲》《我和我的祖国》《天空之城》。

课程三：悦舞

学习街舞的基础动作、动作组合、简单的成套动作。学习一些街舞的套路动作以及一般身体素质练习和街舞的专项身体练习。

8.《体健课程》

探索学生的兴趣与需要，如何以体现学生自主性为原则，充分发挥学校的师资、设施、场地、器材等优势，体现根据学生个体的差异性，在完成体育课程标准规定的课程前提下，构建体育新模式。如：啦啦操、田径、篮球、足球等。

9.《礼仪课程》

课程内容包括三个单元："校园礼仪""家庭礼仪""社会礼仪"。具体见下：

课程一：个人礼仪

课程内容：知道常用的礼貌用语，掌握正确的形体姿势，养成良好的坐、立、行的习惯，保持正确的读书、写字姿势。注重仪容仪表，仪态举止，知道保持服装整洁、爱清洁、讲卫生。

课程目的：规范自己的行为举止，加强个人修养。

课程二：校园礼仪

课程内容：尊重老师、尊重同学、学会请教、学会商量、学会倾听、学会劝阻、学会合作、学会感恩、学会师生间的礼仪……

课程目的：了解、掌握并使用校园常规礼仪，使同学之间能够以礼相待，和睦相处，团结协作，互助互爱；建立朋友式的师生关系，使师生间交往自然亲切，从而形成良好的校风校貌。

课程三：家庭礼仪

课程内容：做客礼仪、迎宾礼仪、待客礼仪、祝贺礼仪、邀请礼仪、服饰礼仪、上下辈之间的礼仪……

课程目的：了解、掌握并使用家庭常规礼仪，上下代人加强沟通，消除代沟，建立上、下辈之间朋友式的关系，享受温馨的家庭生活。

课程四：社会礼仪

课程内容：问路礼仪、乘车礼仪、购物礼仪、影剧院礼仪、邻居间的礼仪……

课程目的：了解、掌握并使用社会常规礼仪，使自己更好地融入社会生活中，让自己处处受到欢迎，得到尊重，使自己的社会生活充满快乐，从而培养积极健康的人生态度。

10.《国际理解课程》

"国际理解教育"旨在让学生了解多元文化、全球问题等国际背景知识，在探究与体验的基础上，初步培养学生运用国际交流语言的能力、全球视野和国际交往等方面的能力，培育学生国际视野与中国意识，为他们将来参与国际竞争与合作打下扎实的基础。

国际理解教育课程分以下三个部分：

第一，国际理解教育特设课程精选国际知识、全球问题，涉及广泛的社会问题和价值观念问题，根据学生认知特点分年级加以组合，成为可接受的教学内容，按照年级、学期、单元等要求划分课程内容，使学生初步了解国际知识，培养国际交流能力、全球视野。

第二，国际教育的主题活动以国际理解教育为主题，结合学生在学校和社会生活中实际开展的活动，让学生在主动参与和主动探究的过程中，比较全面地了解世界多元文化，树立全球概念。

第三，国际理解教育学科渗透将国际交往所需要的知识、技能渗透于有关学科的教学之中，营造潜移默化的国际理解教育环境，各学科形成合力，使国际意识植根于学生心灵深处，引导他们开阔视野，掌握技能。要求在学科教学中体现国际理解教育的基本理念，各学科教师结合本学科教学目标，寻求并建立与国际理解教育相关联的内容。在实施中，我们强调突破学科界限，加强学科整合，实现多点渗透，避免形式机械、内容单一。

11.《心理健康课程》

学生的学习、活动、生活主要环境是校园和课堂，他们交往的对象主要是同学和老师，他们面临的问题主要表现在学习、交往以及生活上，所以，心理健康以"快乐学习，快乐生活，快乐交往"三个板块来呈现，涉及学习辅导、人际交往辅导、人格辅导、情绪情感训练、意志力培养、耐挫力培养、青春期辅导等各个方面，其中比较突出了快乐学习这一方面的辅导，这是基于学校是学习活动的主阵地这一基本认识定位。学生在成长过程中，呈现不同的年龄特点，心理发展既有相似的连续性，又呈现出不同特点，按学生心理发展特点，分成低、中、高三个年龄段，辅导内容相对于年龄段，对应地分为低、中、高三段，快乐学习、快乐交往、快乐生活这三个板块的内容在不同的年段反复出现，螺旋上升。

低段课程内容：

（1）快乐学习：学习习惯辅导、智能训练、学习方法辅导。

（2）快乐交往：处理同伴关系辅导、与老师交往辅导、与父母的关系辅导。

（3）快乐生活：认识自己的学校、适应学校的环境、正确面对挫折、生活习惯辅导、认识自己的优点和缺点、游戏辅导。

中段课程内容：

（1）快乐学习：学习习惯辅导、学习方法辅导、智能训练、在家的学习辅导。

（2）快乐交往：与同学相处：竞争、沟通、拒绝；和老师交朋友、与父母的关系辅导。

（3）快乐生活：面对挫折辅导、认识自己的身体、认识自己的优点和缺点、考试辅导、安排好学习和生活、自我保护、消费辅导、有益的游戏或活动、坚持不懈的意志辅导。

高段课程内容：

（1）快乐学习：学习方法辅导、学习习惯辅导、智能训练。

(2) 快乐交往：认识别人的优点、宽容是一种美德、请你原谅我、心怀感恩、学会和父母沟通。

(3) 快乐生活：我长大了（青春期心理辅导）、让自己快乐、意志力辅导、自信心辅导、有益的活动或游戏。

12.《非遗课程》

非遗课程主要是基于学校所处的川渝文化，尤其是独具特色的川剧，其课程目标为：

爱川剧：在浓厚的学校川剧育人氛围中，感受川剧的艺术美、文化美，体验川剧艺术的独特魅力，培养学生对传统戏曲的兴趣和爱好，造就一大批小戏迷。

知川剧：了解川剧悠久的历史知识、丰富的剧目、乐器、乐曲、声腔知识，了解川剧的艺术特色和独特表演形式，会欣赏川剧，能正确认识和理解川剧，尊重传统戏曲文化艺术。

演川剧：乐于学习川剧的基本唱腔和身段，能自信地演、唱喜欢的川剧唱段，有参演的川剧节目或剧目。

传川剧：有保护优秀传统文化的意识，能够向他人表演川剧、分享川剧的知识，发掘学生的川剧艺术特长，在艺术家的指导下学习表演绝活，打造经典剧目，成为川剧"小传承人"。

川剧校本课程内容主要包括如下几方面：

第一，川剧的史实：系统介绍川剧的起源与发展、川剧的流派、川剧的脸谱、川剧的变脸、川剧的唱腔、川剧的角色等常识。

第二，川剧的技法：川剧技法是学习川剧表演的基本基础，其内容丰富多彩，本校主要选取了适合中小学生特点的一些技法纳入，如川剧扇子功技法、作曲技法、唱腔技法、身段表演技法，像吐火技法、滚灯技法等比较复杂、难学的未纳入课程内容中。

第三，川剧的表演：川剧是一种具有浓郁的生活气息和丰富的育人价值的民间艺术。本校选取的川剧表演艺术内容主要包括川剧变脸、抹脸、吹脸、扯脸，川剧脸谱主要融入于美术课程；川剧唱腔与传统的音乐课结合，涉及昆曲、高腔、胡琴、弹戏、灯戏五种声腔艺术；川剧角色在川剧表演中，一般而言有小生、旦角、生角、花脸、丑角等五种；此外，还学习一些简单的川剧乐器，如小鼓、大锣、小锣、大钹等。

第四，川剧的欣赏：通过现代多媒体技术观摩川剧经典剧目，让学生直观感受川剧魅力。三四年级主要是《宝贝走来了》《歌声与微笑》《三字经》《四川欢迎你》《滚灯》《变脸》等川剧剧目；五六年级主要是《白鳝观景》《踏雪寻梅》《做文章》《梨园记》《射雕》等。

三、和悦课程实施策略

（一）书法课程

1. 上好每一节写字课，从指导笔画笔顺入手、字的间架结构细处入手，做好写字指导。

2. 鼓励学有余力的学生在自愿的基础上购买一本随堂钢笔字帖，利用写字课以及课余时间进行描写练习。

3. 利用《习字册》书本，强化仿写练习。

4. 采取自主和协调的方法，建立写字活动小组，有计划、有落实，完成写字活动的具体目标。

5. 在组与组之间，开展每月一次的书法比赛，对做得好的小组给予表彰奖励，对做得差的小组提出改进意见，教师跟踪指导评价。

6. 将学生的作品张贴展览，让他们拥有成就感，激发学生写字练字的积极性。

7. 做好活动总结，将活动的过程进行记录、整理，完善活动的文本资料档案管理。

8. 活动成果以手抄报、优秀习作、硬笔书法等形式在艺术节中展出。

（二）话故事

1. 教师指导、家长辅导，多渠道实施

"话故事"拓展课程充分发挥学校家校合力，寻求以家长指导和家长辅导相互结合的合作学习方式展开。课程实施过程中以教师讲授、布置任务和提供范例为先，学生课后小组合作、收集资料、整理内容为主要方式，充分调动家长对孩子进行必要的监督和辅导，例如协助使用电子设备、故事信息删减等。家校合作，教师和家长共同担任指导者、陪伴者、观众甚至是评委。

2. 课下准备、课上展示，多层面实施

具体实施时任课教师提前布置任务，确定主题和人员分组，开展课后自学活动。课堂上教师出示范例，引入故事主题，同学分组展示，互相点评，教师指导，提出修改意见，全班合作讨论故事，角色优秀代表合作完成班级故事，整个流程以学生为主体，循序渐进。从学生个体、到学习小组，再到班级整体，形成个人故事、小组故事和班级代表故事三级故事，直观体现孩子的提升，全面实现拓展课程由课内向课外延伸，知识学习向活动体验转变。

3. 共话、共演、共悟，多形式实施

课堂实施整个过程从课外走向课内，又从课内延伸出去，在不同层面使学生得到锻炼。课堂上以教师带领学生一起讲故事、演故事为主，讲故事时采用语言讲、身体讲、画笔讲三种形式，促进学生多感官学习历史故事。演故事时主要利用学生的小组合作，结合自己的理解把故事再次呈现。课后我们采用"共悟"的学习方式，引导学生多形式反思收获，例如：写学后感、最好场景画一画、给故事新结局、历史人物穿越来现代等多种方式，让"话故事"课程不停留于了解故事内容，更让学生有感、有思、有收获。

（三）品读经典

1. 每日诵读

（1）晨读人人诵

在晨读时间，通过范读、分角色读、接力读、比赛读、配乐读等多种形式，检验学生诵经典的效果，营造品读经典的氛围。

课下，班级可以设立经典诗词摘录本，教师指导学生抄写自己喜欢的诗文，学习能力强的孩子还可以将自己的感受、思考等批注在上面，以便学生随时随地进行诵读，养成自觉诵读的习惯。

（2）课前日日练

学生按顺序在课前3分钟轮流进行经典诵读的展示，评判的方式有两种：一是以"量"计，即规定一定的时间或者字数，学生自选内容进行诵读，目的是让学生背诵大量的古诗文，实现"量"的积累，充分汲取古诗文的精华，得到古文化的浸润，厚积而薄发。二是以"质"计，即学生自选内容，在感悟的基础上诵出韵味，根据同学的打分进行评选。

2. 每周挑战

以教材读本《中华诵》为载体，在每周的班级社团时间开展一次经典诵读挑战赛。首先，每周各班级师生共读3～5篇古诗文，在此基础上，学生可以根据自己的能力和兴趣选择增加经典诗文的数目，每周四、周五的班级社团进行抽背、展示，如达到目标，即可以给予一定奖励。

3. 每月展示

以个人或小组为单位举办擂台赛，激发学生诵读经典诗文的热情。擂台赛的内容能够是各种角度的归类对诗，能够是诗句接龙，也能够是你问我答，或者是对诗竞赛，或者是其他各种古诗方面的游戏。根据擂台赛的结果可以评选班级"诵读小博士""诵读小百灵"，以此激发学生的诵读热情。

4. 每期评价

学期末由各班老师负责评价本班学生的诵读水平，学校评价验收各班的诵读成果，并对诵读成绩突出的班级和学生予以奖励。班级评价分别由教师、家长、小组和自评四个部分组成，使学生形成习惯，持久地进行。建立学生的诵读档案，积累好诵读活动的一系列过程资料，如：学生诵读情况分析、出现的问题和困难分析、家长意见征询、班级活动方案、记录照片、好做法经验推广等，以便不断总结提高。

5. 氛围的营造

老师可以组织学生根据诗文，进行诗配画、办手抄报等活动，进行再创造。班级可以通过诗文图展以及利用宣传栏、黑板报等形式让学生随处可欣赏到古诗文佳作佳句，在有意、无意之中将古诗文记在心里；还可以建立班级图书角，让经典诗文资源全班流通。学校可以利用校园广播播放经典文学作品，让学生能听、能看、能诵；还可以利用广播并辟校园之声专栏，让学生来诵读、讲解经典诗文。

品经典，要诵读为主，讲解为辅；要分清层次，因材施教；要师生互通，交流情感。诵读活动教师应全程指导，学生应全员参与。要做到学校活动与班级活动相结合；个人学习与集体辅导相结合；诵读与展示相结合；评比与激励相结合；总结与提高相结合。

（四）话数学

1. 创建话数学的语言环境

日常教学中我们还可以多给学生提供当小老师的机会，让学生呈现自己的观点，学生的表达出现问题时，告诉学生"我们不怕错误，这是一次成长的过程"，在错误中培养学生的成长性思维，也会逐步激发学生的表达欲。课前可以营造表达的氛围，课堂中可以提供表达的机会，临近下课时也可以为学生提供说一说的表达机会。

2. 设计任务驱动的表达活动

教师结合教学内容设计明确的学习任务，设计明确的驱动任务活动，逐步鼓励学生主动参与表达。教师创设学生表达的语言氛围，同时把数学知识和学生要提高的能力嵌入到教学活动中，突破了学生不敢表达的界限，学生就会更积极主动地参与到课堂活动中，逐步再指导学生使用正确的表达方式，学生的数学口头表达能力就越来越强。

3. 引导学生正确表达

鼓励学生把内在的思考以高质量地表达的形式呈现出来，以引导学生准确表达为前提，做到有"理"有"据"地表达。准确表达，可以通过重述、补充来培养。有"理"有"据"地表达，引导学生有依据地表达、有条理地表达、有礼貌地表达。有依据、有条理、有礼貌地表达不是单独存在的，要根据教学的实际情况搭配、穿插使用，并且需要长期坚持。对学生表达的指导不仅要有方法，还要找到出现问题的源头，判断学生考虑问题的方向是否正确，有针对性地加以引导，在这样的课堂中，学生收获的不仅仅是数学知识，还提升了学生思考问题的能力和语言表达的能力。

4. 注重以理解为基础的数学语言学习应用

小学阶段的学生学习的数学语言是最基础的，需要在理解的基础上学习规范的数学语言，例如：区分"乘"与"乘以"、"除"与"除以"；灵活运用文字语言、符号语言、图形语言；学会三种语言间的转换，才是学习数学最理想的方式，也是为后期数学知识的学习和应用数学语言解决实际问题打下良好的基础，同时也是数学语言表达提高的关键。

5. 避免教学假象、鼓励学生说"异见"

在培养学生的数学语言表达能力的过程中，学生的表达出现问题和教学假象是避免不了的，对学生的"异口同声"等现象要理性看待、及时发现，并挖掘其中的教育价值。学生的表达出问题了，那学生提高表达能力进阶的机会就来了。教师要改变教学语言，避免使用"是不是？"这类封闭性的提问方式。再者教师要通过观察，发现教学中的其他假象，使得教学假象充分暴露，并注意分析其背后的原因。

6. 重视学生数学语言表达习惯的养成

（1）规范书写的习惯是规范数学语言的基础

教师在进行概念、公式、符号等内容的教学和例题讲解时，需要板书演示并强调需要注意的地方和具体的过程，确保学生养成良好的书写习惯。

（2）画树状图，有理有据有体系"话数学"

每个单元的内容学习结束后，指导学生进行本单元知识的梳理，养成梳理单元知识的习惯，可以运用思维导图工具指导学生呈现单元总结。一、二年级阶段教师可以更多地教给学生画思维导图整理数学知识的方法，也可以适当地鼓励学生画思维导图整理知识点，慢慢地教师可以放手让学生自己动手尝试画思维导图，系统地梳理所学数学知识，这样学生所学的知识就不再是零零散散的，学生也养成了梳理知识的习惯。

（3）认真倾听他人观点，先听后说

帮助学生树立倾听意识，建立规则，逐渐转化为倾听他人观点的能力，并树立向他人学习的良好学习心态。

（4）倡导数学阅读、拓展数学视野、丰富说数学内容

数学阅读，是学生对数学材料进行识别、提取、经过自己的领悟和内化形成并表达自己数学观点的过程，是帮助学生正确认识数学学科和了解数学史的基础。根据学生年龄的特点，教师需要精心挑选及推荐适合学生的数学阅读读本，从养

成数学阅读的习惯开始，鼓励学生进行数学读物泛读，拓展数学视野，可定期在班级组织"数学阅读会"，鼓励坚持数学阅读。

7. 注重评价，激发学生说数学兴趣

教师制订"说数学"激励机制，可以调动学生学习的积极性、主动性。首先，根据作业完成情况设置"作业完成奖"。教师利用休息时间认真观看每个学生"说数学"的作业完成情况，并做好登记。对于优秀的作业在群里及时分享；对于需要改进的作业通过与学生私聊进行有针对性的指导，让其有重新记分的期盼和机会，如果重拍视频表现优秀，同样可以得到相应的奖励。其次，以单元测试时间为限，实行阶段性奖励。在单元测试后教师根据学生成果结合平时作业情况实行阶段性奖励，通过适当延缓满足，磨炼学生的耐性与毅力。再次，根据学生的实际表现，设立突出表现奖。

8. 提升教师说数学的意识

以职前培养和在职学习、培训的方式，强化数学语言表达素养的教学目标观念，提高教师对数学语言表达的认识，了解数学语言表达的意义，知道数学语言表达对自身专业发展和学生成长的重要性。鼓励教师在教学过程中不断实践，不断地对自己的元认知进行反思，反思对数学知识本身的教学，反思数学语言表达能力的培养方法。要提高学生的数学语言表达能力，教师要规范自身数学语言的表达，提高自身的数学专业性，规范专业术语。数学学科有专门的语言，教师有意识地规范数学语言表达，进行良好的示范，就会在学生心中种下正确表达的种子，学生的规范意识会逐渐提高。

（五）英语课程

1. Just do it 全班同学参与课前展示。3～6年级同学根据所给话题准备展示内容，展示时间为三分钟。三年级学生要求不少于10句话，四五年级不少于18句话，六年级学生30句话左右。每名学生需要精心准备并制作PPT。

2. 歌曲与歌谣教学，在每节课中渗透。在每节课的课前欣赏或演唱，以营造英语学习氛围，用反复欣赏、略讲主要词意、逐步跟唱的自然习得。

3. 提供更大的舞台给学生展示。每周在教学中，教师根据教学内容创设情景

或带学生到真实情景中学习，融日常用语学习于情景表演之中，让学生在情景中学，在表演中练，在交际活动中用。每个月开展 Showtime 舞台，让学生们在缤纷T台或者舞台完成语言巩固性表演，在双人或多人中进行。每学期一次的英语学科嘉年华。

（六）国韵课程

1. 水墨国韵

学校将中国画社团课程的服务对象分为低段、中段和高段学生，在课堂中先深入浅出地给学生讲明国画的特点，再让学生临摹进而创作，教给学生一些巧妙的绘画技巧，活动时一个项目一个项目地进行练习。

（1）低段学生

工具材料介绍。笔、墨、纸、砚以及颜料的性质特点。教育学生养成正确的握笔姿势和良好的坐姿。掌握正确的执笔、用笔和用墨方法。利用墨与彩调配产生的变化与宣纸特性，让学生在绘画过程中体验彩墨的乐趣。让学生初步了解在画国画时水分的控制及笔和墨的应用，培养学生的国画表现能力，会画简单的瓜果、昆虫画。如：南瓜、山水、辣椒、樱桃、蜻蜓等。

（2）中段学生

继续教育学生养成正确的握笔姿势和良好的坐姿。认识笔、墨、色彩（墨：焦、浓、重、淡、清；笔：用笔的中锋、侧锋、顺锋、逆锋、提按顿挫等方法及以之造型的特点；色彩：了解颜色名称，掌握简单的间色调配），继续培养学生的绘画兴趣，较熟练地运用中、侧、逆锋及掌握墨色浓、淡、干、湿、焦的变化。让学生体验中国画的笔墨情趣，临摹中国画。欣赏近代中国画作品。学会表现花卉、昆虫画的一些基本方法。结合以前学过的内容，自由组合配画。学会收拾整理画面字画国画欣赏，并能落款命题等。

（3）高段学生

继续培养学生的绘画兴趣，较熟练地运用中、侧、逆锋及掌握笔、墨的变化。较好地掌握国画的一些技法字画，培养他们的国画表现能力。欣赏古今中国画名家作品。介绍一些国画的基本构图知识，并能给画面命题题款。让学生体验中国画的笔墨情趣，临摹简单的当今名家水墨花卉、山水、人物。组合创作较大幅及完整的花卉、山水画。如：丝瓜、牵牛花、葡萄、葫芦、山水等。学习树木、山水的绘画技法，创作体现秦巴山水和地方风土人情的作品。鼓励学生联系生活实际进行大胆创作。

2. 彩线艺韵

学校将线描画社团课程的服务对象分为低段和高段学生，根据学生的不同年龄段本社团进行了阶段式的教学。

（1）第一阶段

通过欣赏图片，让学生对线描画有初步的认识并总结感受。引导学生充分发挥想象力，探讨单色世界的奥秘，提高观察与感受能力，发现装饰图案的视觉语言与形式法则。

（2）第二阶段

一幅完整的线描装饰画，是由点线面的不同形体组成的。通过观察图片发现规律，搜集整理素材资料，并自我创新素材，培养学生的创造能力，活跃思维，拓展装饰艺术天地。

（3）第三阶段

通过单一物象的训练，让学生组织画面。利用画面对比，让学生感受装饰要领，体会物体与背景的对比，黑白灰的构成对比。（注：黑点太密集或者太稀疏都不美观。）尝试颜色的运用，补充画面。

（4）第四阶段

学生探讨线描装饰画的画法，通过临摹、写生、创作三种方式进行练习，这一阶段的写生教学，引导学生发现身边的美，并用画笔描绘下来，提高学生的观察力，以及眼、手与大脑的协调力，增加了学生绘画的难度。学生的作品以绘画本的形式完成，老师及时对作品进行讲评。

（5）第五阶段

为了拓展学生的思维宽度，进行单色画课程训练。让学生了解多种多样的艺术表现形式，从而创作出富有个性、创意的作品。

（6）第六阶段

做了以上的准备,再临摹几幅完整的线描装饰画,使学生具备创作的条件,让学生能够自行创作一幅属于自己的线描装饰画。

(七) 音乐课程

1. 悦唱课程

在具体的课堂教学中,以歌唱、表演的表现手法为主要研究对象,重在培养学生认识美、发现美、欣赏美、应用美的能力,学会用识谱、演唱、合作、表演的方法,感受合唱的魅力。教学评价上以多鼓励优点为突破口,鼓励孩子多尝试、多体会,真正在实践探索中锻炼自己。主要实施如下:

学校将合唱社团课程的服务对象分为低段和高段学生,形成一个阶梯式教学模式,低段的学生主要以培养兴趣为主,加强识谱、演唱的能力;高段学生以动作表演、和声练习、完整演唱作品为主。

(1) 低段学生

呼吸训练、起声训练、共鸣训练。

(2) 高段学生

轻声歌唱法、连音歌唱法(Legato)、跳音歌唱法(Stacato)、重音歌唱法(Sforzato)、保持音歌唱法、音色统一的训练、口腔状态统一的练习法、音色的统一、和声音准训练。

2. 悦乐课程

通过口风琴、竖笛、葫芦丝等使学生的音乐特长得到更好的发展,进一步了解音乐的基本知识,提高学生的欣赏水平及创造能力。我校重点培养口风琴,教学中,教师精心组织,因材施教,让学生在兴趣中求知,使潜在才能得到自由发展。制订相关教学计划,学校将口风琴社团的课程服务对象分为低段和中高段,在课堂上先深入浅出地给学生讲明口风琴的特点,再让学生由浅入深地学习。

(1) 低段学生

学会认识键盘、学会基本指法、学会认识简谱、学会吹简单的单声部乐曲。

(2) 中高段学生

会自己识谱、了解相关乐理知识、会吹奏中高等难度的乐曲、会团队合作吹奏多声部乐曲。

3. 悦舞课程

街舞基本功：头部、肩部、胸部、跨步的前后左右的移动、绕环、膝部、踝部的绕环；手臂、身体的波浪；膝部的弹动，脚步的蹬踏、跳转等。组合动作：滑行开合、摩擦开合、转体180度、摆肩、枪手摆、菱形走、平步走、左右摆膝、摆动恰恰、八字跳、交叉走等基本步、UP-down的基本组合等。套路动作：健身街舞套路和流行街舞套路动作。

（八）体健课程

1. 每年举办"和美体艺节"活动、"学科嘉年华"活动等让学生参与体育比赛。
2. 积极开展学生体育活动，成立田径社团、篮球社团、足球社团、啦啦操社团等，让学生的兴趣得到培养。
3. 积极开展筹备各项体育比赛，让学生在比赛中展示自己的运动能力。
4. 探索在田径比赛、足球比赛等体育赛事中让更多学生参与其中的途径与方法。
5. 探索在其他学科课程中渗透体育的途径与方法，形成相应的教学模式。

（九）礼仪课程

学校开展礼仪教育具有潜移默化的功能，它教给人要懂得对别人的尊重，懂得谦恭礼让，懂得让人际关系融洽和谐，它是学校德育的基础工作，要求从日常礼仪习惯、文明行为抓起，具有较强的针对性和实效性，是改进德育现状、深化德育改革的重要举措。

1. 教育思想坚持五项原则

礼仪教育应以"三个面向"为指导，努力实现培养时代新人的育人目标。为了使每一个学生从小学会做人，礼仪教育必须坚持五项原则。

（1）互动性原则

礼仪教育要注重师生的互动，只有教师言传身教，讲究礼仪常规，才会带动学生明礼；只有师生快乐互动，才能营造礼仪教育的良好氛围。同时，互动还表现在教师之间、学生之间、家校之间等的互动影响，以此形成礼仪教育合力。互动之中，学生的主体性能够得到展现，其主体地位也能够顺利实现。

(2)针对性原则

礼仪教育在总体设计上应力求遵循教育规律，针对学生的年龄特点和身心特点开展；在具体设计时，应切合实际，加强针对性。如对一年级学生，其教育重点是升旗礼仪、集会礼仪、课堂礼仪的教育与训练；对六年级的学生，其教育的重点可放在个人礼仪、社会礼仪等方面。

(3)开放性原则

礼仪教育要把时代生活引进校园，让改革的大潮冲击孩子们的心田。在内容上，要加强与形势教育的联系；在形式上，要向校内开放、向家庭开放、向社会开放。如配合《公民道德建设实施纲要》的贯彻和落实，在礼仪教育中融入对学生进行"做合格小公民"的"五小"（在社区和公共场合做小卫士、在社会做小标兵、在学校做小伙伴、在家做小帮手、在独处时做小主人）教育活动，就是让学校充分走进社区。

(4)实效性原则

注重实效性是现代管理的本质，是德育管理工作的基本任务和归宿。要体现礼仪教育的实效性，也就是要解决如何将礼仪教育落实到师生的行动中，达到全校师生人人明礼仪、个个讲礼仪的目的。在管理工作中，要有德育处和科研室等管理实施机构作组织保障。

(5)创造性原则

礼仪教育必须不断创新，不仅老师要创新，还要鼓励学生创新。要特别注意在礼仪教育的内容和方法上不断出新。

2. 教育内容注重六个结合

要实现礼仪教育目标，在内容上应注意以下六个结合：

(1)礼仪教育与思想教育相结合

礼仪教育作为做人教育的基础工程必须坚持与思想教育有机结合，培养孩子们的爱国主义情感和集体主义精神，让孩子们在活动中学会同情、学会关心、学会尽责。

(2)礼仪教育与亲情教育相结合

重视亲情是中国的优良传统，尊老爱幼是中国人的传统美德，礼仪教育要善于在亲情中融入礼仪，在礼仪教育中灌注亲情。

(3) 礼仪教育与养成教育相结合

养成教育是学校素质教育最基本的内容，它在较大层面与礼仪教育是相互交叉的。按照《小学生日常行为规范》的要求，狠抓学生卫生习惯、学习习惯、生活习惯、劳动习惯的习得，通过系统整合，可形成时代感很强的礼仪行为规范。

(4) 礼仪教育与法制教育相结合

在礼仪教育过程中，注意在法制教育中渗透礼仪教育思想，在礼仪教育中融进法律常识，使礼仪教育与法制教育有机结合，能使礼仪教育更具实效性。

(5) 礼仪教育与心理健康教育相结合

在开展礼仪教育实践活动中，注意与心理健康教育相结合赋予了礼仪教育更强的时代感，体现了新时期德育的与时俱进，其积极的意义在于更有效地培养学生健康的心理状态、健全的人格、顽强的意志与适应和改善环境的能力。

(6) 礼仪教育与艺体教育相结合

艺体教育是一种美的教育，让学生感受美、欣赏美、创造美，在美的熏陶中教育学生学习基本的举止礼仪、服饰礼仪、谈吐礼仪等。动人的容貌、端正的神态、美的言辞声调都可以在艺术美的熏染中获得，所以，应当努力挖掘艺体教育中的礼仪因素。

3. 提高教育实效的六种途径

学校实施礼仪教育的途径与渠道也是多种多样的，但要强化礼仪教育的针对性、实效性，必须重点关注六种途径：

(1) 教师示范

小学生具有很强的向师性和模仿性，在礼仪教育中，强化教师的礼仪意识，规范教师的礼仪行为显得尤为重要。在实践中，可把礼仪教育与贯彻落实师德规范、提高教师的道德修养和文明程度结合起来，可开展一系列师资培训活动；还可拟定教师礼仪常规，将教师的礼仪示范纳入师德考核内容。

(2) 学科渗透

课堂教学是德育的主渠道，因而，在学科教学中教师要注意引导学生树立礼仪意识，理解礼仪行为的社会意义。

（3）班队活动

多姿多彩的班队活动可丰富礼仪教育的内涵，让孩子们在不同主题的活动中举止更为得体、性格变得开朗、思维变得活跃、兴趣爱好更广泛，在活动中学会合作、学会关心、学会表现、学会做事、学会创造。

（4）社会实践

礼仪教育应让孩子走向社会，让其在丰富的社区文化中学会社交礼仪，同时也为提高辖区的文明程度服务。礼仪教育要走出课堂、走出学校、走进社区，其活动内容要注意模拟现实生活，活动形式要力求联系生活实际，适应孩子的年龄特点，还要注意融艺术、体育、英语、文学等多学科为一体，让孩子们在活动中扮演角色、增强感受和体验、学会做一个文明的人。

（5）家庭教育

家庭是孩子的第一所学校，家长是孩子的第一任老师，因而培养孩子良好的礼仪习惯需要家长的通力支持和配合。可以通过开办家长学校，开展形式多样的家长会，向家长宣传礼仪教育，征求家长的意见。假期可请家长和孩子同读一本礼仪书，同做一件文明事，同做一个文明人，以礼仪教育重塑孩子与家庭的新形象。

（6）评价强化

教育评价历来是教育过程中最为棘手的环节。在良好礼仪习惯未养成以前，学校可成立专门的值班机构，重点对各班的各项礼仪进行检查、打分，一周一评，将得分的情况与学生评三好、班级评先进挂钩，以此有效激励学生对文明的追求和向往。科学正面的评价是强化礼仪教育的不可忽视的必要方式。

4. 教育过程实现"五化"管理

管理是管理人员领导和组织人们去完成一定的任务和实现共同的目标的一种活动，其基本要求是用最小的代价换取最大、最好的效果，"部署整体化、内容序列化、要求具体化、训练规范化、形式多样化、评价科学化"可提高礼仪教育管理的水平，获取较高的效益。

（1）部署整体化

礼仪教育活动应着眼于整体，统一认识，统一要求，统一步调，使各种教育力量互补，各项教育手段互补，各项活动沟通，凝集成一股和谐的教育力量，全方位地影响学生。在教育内容上，礼仪教育主要包括校园礼仪、家庭礼仪、个人礼仪等；在教育力量上，不仅要协调校内教育力量，而且要加强学校与家庭、社区诸方面的联系，形成整体合力，体现教育的衔接性和连续性，形成整体效益。

（2）内容序列化

礼仪行为的形成是一个由低到高、由简单到复杂的长期过程，这就要求我们对学生行为训练的内容有一个系列安排，不能想到什么训练什么。实践中依据《小学德育纲要》《小学生日常行为规范》《公民道德建设实施纲要》等，可将校园礼仪分为几个系列进行训练。

（3）要求具体化

根据小学生的心理特点，我们的要求必须具体明确，使学生学得会、做得到、记得住，符合学校实际，贴近学生生活，使常规动态化，操作性很强。例如：课间操礼仪，如果只要求组织好课间操，师生可能仍旧不清楚具体要求，为此我们将组织好课间操归纳为十个字：有序、安静、整齐、准确、安全，形成了课间操礼仪常规。

（4）训练规范化

在礼仪训练中，必须制定明确的礼仪常规，训练有目标，有标准，有教师的指导和检查，有固定的训练时间和灵活的训练方式。

（5）形式多样化

小学生的年龄特点决定了他们活泼好动的天性，如果行为训练的形式单一，学生就会感到枯燥乏味，产生厌倦情绪。为使学生愉快地接受行为训练，要特别注意训练和指导的形式多样化。可采用模拟训练法、故事启迪法、岗位体验法、游戏感悟法、环境陶冶法、行为评价法等。

总之，礼仪教育是一项系统工程，需要全员参与，全程管理，全面育人，整体构建现代礼仪教育的内容体系、方法体系及评价体系，才会收到事半功倍的育人效果。

（十）国际理解课程

1. 教师资源的开发与整合

（1）制订教师自主学习制度，加强教师对东西方文化的了解，培养教师在学校各项教育活动中实施国际理解教育的意识，提高教师的文化品位。青年教师努力学习英语，加强信息技术运用和网上交流能力，创造浓郁的外语学习氛围，提高教师的社会交往能力。

（2）制订教师校内外交流的制度，采取各种形式，定期进行理论学习、英语学习、文化学习的交流；组织教师进行国际理解教育和双语教学的研讨，不断改进教师的教学方法和教育手段。积极加强学校与发达国家和地区的教育教学的交流合作。与国际友好学校结成姐妹校，通过委派教师出国培训、举办国际性的教育研讨活动、参与或组建民间的教育网络、广泛开展国际交流与合作，更好地宣传学校的教育传统和经验；适当承担一些国际项目，率先取得被国际承认的学业水平、课程和办学水准，增强学校教师与国际对话的能力，建立教师培养的新机制和评价新体系。

（3）专家引领知名专家、学者相继应邀来福山讲学，在学校文化、教师发展、课程改革、全球理解教育与学会共存、信息技术应用等方面给教师带来了新的研究成果，这些成果在指导、引领教师的实践上发挥了积极作用。

2. 校园文化资源的开发与营建

（1）学校环境文化。布置自己的"文化墙"，让学校的每堵墙壁都能对学生进行国际理解教育；充分利用学校走廊，通过"外语之窗"和标语、图画以及"民族文化长廊"和"世界文化广角"营造国际理解教育氛围，形成走廊文化。让每个班级、每个学生都行动起来，让学生自己运用不同国家、不同风格的装饰创设周围的环境，增强学生对民族文化和传统文化的了解。

（2）校园活动文化。运用电视台、广播台、小报、电子大屏幕进行国际理解教育的宣传。开展福山外语节活动、英语俱乐部活动、英语夏令营活动，以沙龙、专题讲座、社会考察、实践体验、访问交流、汇展等多种形式开展"人与自然、生存与发展、战争与和平、贫穷与富有、美与丑"等主题活动。

3. 重视家庭资源的开发与利用

通过家校交流会、问卷、亲子作业设计等形式，让广大家长了解国际理解教育校本课程开发的意义、内容、做法，调动家长支持、关注、参与课程资源的开发与利用。开展实践活动，让家长参与学生的学习实践活动。

4. 加强信息技术与学科整合

建立校园网，针对国际理解教育对网络技术的要求，在各学科渗透运用网络进行学科学习与知识查询的教学，让学生能运用网络广泛查询学习中的各种疑问，改变了学科知识的单一来源；各班建立班级网页，鼓励学生建立个人网页。使学生成为知识网络的构建者和使用者，提高学生运用网络的能力，促进国际的相互理解。

5. 加强与海内外师生和学校的校际交流与合作

开展师生访学，通过这些活动进行国际交流，让更多学生体会来自世界另一端的诸多差异，有利于学生学会比较，促进国际的理解。

（十一）心理健康课程

1. 课时安排：一至六年级都开设心理课。课时量为每间周一节课。目前采用借用教材。

2. 除了课堂团体心理辅导以外，我校具有比较浓厚的心理健康教育氛围，硬件上也有较大的投入。除了课堂团体心理辅导以外，还开设了心理活动室、心理咨询室等，有专门的心理辅导老师定期坐班，为学生提供心理辅导，帮助学生解决一些心理问题，所以个别咨询辅导也是校本课程的一个重要方面。

（十二）非遗课程

1. 川剧唱腔课：主要学习川剧表演"唱、念"基本知识和基本功。"唱"是指川剧的五种声腔艺术，如昆腔、高腔、胡琴、弹戏、灯戏。学生通过学习了解不同声腔的特点、曲牌基本知识，学习各种声腔尤其是高腔的演唱方法。"念"是指川剧台词念白和对话，分为韵白和散白，学生学习用四川话表现人物的思想感情。

2. 川剧形体课：主要学习川剧"做、打"基本知识和基本功。"做"即学习川剧表演的手、眼、身、法、步。"打"是传统武术的舞蹈化,分为"把子功""毯子功"两大类。学生在形体课上系统学习川剧手、眼、身、步和"把子""毯子"的一些基本功。另外,学生还要学习重庆川剧院的专家为该校量身打造的一套川剧形体操。

3. 川剧欣赏课:主要观看精心挑选的川剧经典剧目或选段,并在老师引导下,用专业知识和眼光剖析剧目或者选段表演的精彩和经典之处,学会看戏、评戏、赏戏。

4. 川剧表演课:以川剧唱段和川剧节目为主要载体,学生在老师指导下,综合运用在唱腔课和形体课上学到的川剧表演基本功,学习和尝试真正的川剧表演。

5. 川剧史话课:主要学习川剧的起源与发展历史,了解川剧两地川剧院的发展现状,了解川剧的经典剧目,学习川剧的服饰、道具、乐器知识等。

四、和融课程的目标、内容及实施建议

(一)和融课程的目标

和融课程,是指基于学科间联系的学科综合课程,它是由多个学科融合而成的课程,如融合了语文课程、科学课程和劳动课程的桂语课程、双节课程。学生的发展是以知识融合式发展为基础,以课程综合为条件,以问题解决为导向。更广泛和更深层次的和融课程,促进了学生个性化发展基础上的整体发展,为更高水平发展提供了条件。此类课程活动,旨在使学生能够对学科知识有更深的认识,能够在实际问题中整合和运用学科知识;实现学生由认知到行动的转化,德智体美劳全面发展;扩展学生看待问题、思考问题、解决问题的思维角度,促进各感官协同发展;满足学生不同的兴趣和需求,培养有想法、有能力、有兴趣,会协作、会思考、会包容的和美少年。

(二)和融课程的内容与实施建议

和融课程作为跨学科融合的课程群,主要包括六大课程:桂语课程、双节课程、生命课程、漫游戏剧、魔幻3D、啦啦操课程。各课程分别以两个及以上的国家课程为基础,以某一大主题或文化背景为载体,结合学科间紧密联系的知识体系,展开课程活动。

课程一：桂语课程

桂语课程主要是依托学校校园文化而行，桂花清新而素雅，因其默默奉献，高洁坚毅，成为和美教育的物化表现。为让每一位和美少年具备桂语特质，学校深挖校园物化景观，以桂语诗路的这排桂树为载体，借助课程阵地，全面开设桂语课程。这是多学科融合课程，涉及语文、数学、音乐、美术、科学等基础学科。本课程学以致用，学中有创，通过识桂花、赏桂花、量桂花、画桂花、唱桂花和研究桂花等丰富的活动，开展项目式探究学习，于实践中加深感知，进行综合运用，形成关键能力；深入了解桂花的同时，受到桂语熏陶，使之具备桂花般的良好品格，积极投身学习活动，在和美校园中绽放各自风采。具体课程内容如下：

活动一：认　认识桂花

（1）了解桂花相关知识（我校桂花的数量及品种、桂花的植物学常识、生长区域、种类、用途等）。

（2）学生可通过查阅资料、走访高校植物专家、实地观察等方式进行资料收集，最后汇总文字、图片、影像资料等形成调查报告等成果。

（3）画一画我眼中的桂花。

活动二：知　校园植物知多少

（1）搜集并诵读关于桂花的歌曲、成语及传统文化知识。

（2）带领学生认识常见的校园植物，并给校园桂花及其他常见植物挂牌（挂牌有简单介绍，并附二维码，扫码可查阅详细信息）。

（3）学习测量、统计图、统计表等相关知识，为各种调查数据的统计和整理奠定基础。

活动三：创　桂花的叶

（1）剪纸　剪桂花（桂花本是十大传统花卉之一，可用传统的剪纸艺术表现它的美。可请美术潘老师做剪纸指导）。

（2）动笔写一写，为桂花美景图配诗、配文。

（3）制作叶脉书签（桂花叶脉质地硬，好成形，是制作叶脉书签的极佳材料）。

（4）设计　结合学校的各种活动，如科技节、运动会、各项评比等，设计班级标志、运动会会徽、奖牌等，将桂花元素融入其中。

活动四：拓 桂花的花

（1）拓展了解关于桂花的故事或典故，理解其中的道理，品读桂花品格，并尝试分享给他人。

（2）自制桂花茶、桂花糕或树脂水晶滴胶干花。

课程二：双节课程

节日即文化，节气即生活，生活即课程，二十四节气和传统节日是最平民化的课程，可以超越个人、超越学科、超越课堂，处处能学，时时可学，人人会学。双节课程就是以传统二十四节气和传统节日为依托，抓住其精神文化要素，选择具有文化涵养和教育价值的资源引入课程中，以生活环境为中心，以实践体验为主线，全面实现环境育人、课程育人和实践育人。同时分年段设置课程内容。

一年级：

1. 学习《二十四节气歌》，初步了解具体的二十四个节气和七个传统节日。

3. 知道二十四节气的气候特点，知道有晴、雨、雪等天气现象。

3. 通过观察三园环境和社区环境，能说出双节常见植物的名称。

4. 初步了解不同节气的三候特征以及双节的农事或者习俗。

5. 诵读浅近的与双节相关的古诗，展开想象，获得初步的情感体验。

二年级：

1. 通过观察三园环境和社区环境，能说出双节常见植物的特征。

2. 热心观察校园、社区环境，用口头或图文形式表达节气变化对动植物和人类生活的影响。

3. 结合生活实际，参与一项人们所需要完成的农事或者习俗。

4. 阅读与双节有关的谚语、传说、故事，并乐于与他人分享。

5. 背诵31首浅近的与双节相关的古诗，展开想象，获得进一步的情感体验。

三年级：

1. 能够通过节气气候变化，感知动植物生存、生长变化的条件和动植物对环境的适应性。

2. 知道节气养生食谱和节日美食制作过程，并尝试制作简单的双节美食。

3. 能清楚明白地讲述双节见闻，说出自己的感受和想法。

4. 观察双节变化，能不拘形式地写下自己的节气或者节日见闻、感受和想象。

5. 诵读优秀双节诗文，在诵读过程中体验情感，展开想象，领悟诗文大意。

四年级：

1. 能举例说出不同节气，水、阳光、空气、温度等的变化对生物生存的影响。

2. 能够制作至少5道可口的节气或者节日美食，并与他人分享制作过程和成果。

3. 尝试根据节气种植适宜蔬菜，愿意和同伴一起体验农耕活动，增强合作意识。

4. 能够讲述双节的传说或者故事，讲述力求具体生动。

5. 积累双节相关的优美词语、经典句段，以及在课外阅读和生活中获得的双节语言材料。

五年级：

1. 知道二十四节气的产生是与地球围绕太阳公转形成的分明的四季有关。

2. 根据节气，选择一种植物种植，观察和记录植物的萌发成幼苗，再到开花结果的过程，撰写观察记录。

3. 学会根据节气调节饮食和保养的方式，促进身体健康。

4. 诵读优秀双节诗文，注意通过语调、韵律、节奏等体味作品的内容和情感。

5. 能写自己的双节见闻，内容具体，感受真实。

六年级：

1. 为解决与双节相关的问题，利用图书馆、网络等信息渠道获取资料，尝试写简单的研究报告。

2. 策划简单的双节活动，对所策划的主题进行讨论和分析，学习获得计划和活动总结。

3. 尝试用多种艺术形式来表现不同节气的特征，发展想象力。

4. 通过双节活动，感受人与自然的相依相伴，珍惜自然资源，养成良好的环保意识和行为习惯。

5. 了解古人确定节气的方法，认识我国的传统文化，产生民族认同感和自豪感。

课程三：生命课程

生命课程是我校在疫情背景下，结合当代小学生频发的自卑、抑郁、伤害、轻生等心理问题研究开设的综合性课程，课程包含自我认知、文化阅读、生命教育、心理疏导等多个部分的内容。

旨在通过正确充足的生命教育，让受教育者明白大自然与人类、病毒与疫苗的关系，更懂得敬畏自然，尊重自然；敬畏生命，珍惜生命。

结合事例及实践活动，理解科学对个人和社会的影响，学会理性思考，学会对网络谣言和伪科学进行辨别，不信谣，不传谣。

通过科学系统的学习及练习，对个人行为产生积极影响，学习必备的生存技能，养成科学的生活习惯：规范地戴口罩，正确地勤洗手；学会喷嚏礼仪，学习如何使用合适的防护药物；坚持科学锻炼，营养膳食，调节情绪，保持身心的健康状态等。

开展关于公共伦理与公共责任教育，让学生明确面对突发事件，每个人都应承担不同责任，从个人、家庭、社区，再到国家都应遵守公共规则，从而形成正确的公共伦理观和公共责任观。

引导学生针对话题展开思考，实践，发现，以点到面，激发学生进行自我教育，引导他们用爱培育爱、激发爱、传播爱，从大爱中学会感恩，并努力争做传播爱、奉献爱、充满爱的人。

主要包括"大自然与人类、病毒与疫苗、科学与谣言、习惯与卫生、运动与健康、责任与规则、社区与家庭、国家与个人（大爱与感恩）"八个系列教育内容。

课程四：漫游戏剧

戏剧是一门综合运用了文学、美术、音乐、舞蹈等多种艺术手段的艺术。它独特的"综合"特点使得戏剧教育在当下备受关注。随着时代的发展，学生的表现欲望比以往任何时候都表现得强烈，渴望得到他人的认同，需要一个实现自我价值、张扬个性的平台。特别是在新一轮课程改革不断深入，学生在教学活动中的主体地位进一步凸显的情况下，他们对于语文、英语等教学活动中的课本剧，表演教学情境中的对话表现出了浓厚的兴趣，参与能力进一步增强，表演水平进一步提高。在戏曲进校园等相关活动不断开展的大背景下，学生对戏剧、话剧、课本剧有了一定的认识，具备了一定的戏剧知识，对戏剧这种独具知识性、趣味性、审美性、思想性、教育性的综合艺术的喜爱程度日益加深。

漫游戏剧就旨在满足学生多方面的兴趣需求，通过戏剧表演的形式和丰富的戏剧课程活动，帮助学生理解语文、英语等课程中个别的文本内容，初步掌握学科以及有关话剧、戏剧的知识，引导学生不断发现自己，体验成功的快乐，发展学生的个性和特长，增强学生的合作意识，提高学生感受美、欣赏美、表达美、创造美的能力，同时，培养学生高尚的道德情操和健康的审美情绪，形成正确的人生观和价值观。以一学期为单位，分设12课课程内容，课程教师根据选修学生年段和戏剧基础进行调整。

课程内容：

第一课：教学内容，戏剧的初步认识；

第二课：教学内容，人物对白训练（一）；

第三课：教学内容，人物对白训练（二）；

第四课：教学内容，人物对白训练（三）；

第五课：教学内容，人物动作训练（四）；

第六课：教学内容，肢体训练；

第七课：教学内容，课本剧的创编；

第八课：教学内容，生活情景短剧表演（一）；

第九课：教学内容，生活情景短剧表演（二）；

第十课：教学内容，戏剧京剧脸谱初步认识；

第十一课：教学内容，古装戏剧里的行当认识；

第十二课：教学内容，校园艺术保留剧目赏析。

课程五：编程课程

编程是人与计算机、机器以及人工智能交流的语言，它渗透入我们的学习中，也联系着各行各业。编程课程旨在通过程序性的活动，培养学生将科学、技术、数学等知识有机融合，跨学科解决问题和计算思维的能力。课程以重庆市青少年信息技术与人工智能专业委员会提供的青少年软件编程及机器人课程方案为指导，主要面向3～6年级的学生开放社团选修课程。课程分为初级班和高级版两个阶段，充分尊重成长发展的不同特征和阶段需求。课程围绕图形化编程scratch分层设计了四级课程内容，实现编程课程的螺旋上升。

初级班：

理解编程环境界面中的功能区的分布与作用，能够完成拖拽指令模块到程序区的操作，能够指导指令模块的连接方式。

通过舞台按钮完成运行与停止程序的操作，能够使用角色的移动、旋转指令模块，能够录制一段音频。

绘制背景，能够添加注释，能够将项目保存在计算机上，能够打开计算机上已经保存的项目。

理解舞台区层的概念，理解舞台区坐标系的概念，能够使用选择结构的指令模块，能够使用无限循环的指令模块。

处理键盘事件及鼠标事件，能够控制角色的大小，能够完成程序对声音大小、颜色、位置的识别。

高级班：

知道如何在舞台区显示或隐藏变量，掌握画笔相关的指令模块，能够应用广播来传递数据，能够简化多次的反复操作程序。

新建链表，能够完成对链表中数据的插入、删除。

新建函数（即新建模块指令），能够自己创建一个有返回值的函数，理解函数的作用范围。

理解多线程的概念，能够使用复制相关的指令模块。

在进行内容选择时，从内容的基础性、趣味性、拓展性出发，将本次校本课程分为基础篇、实践篇、应用篇三个篇章。

基础篇：主要是通过一个简单的项目带领学生回忆 Scratch 2.0 的界面，各模块包含的指令以及一些基本的操作，让学生初步体验计算概念和计算实践。因为 Scratch 校本课程的实施对象已经在信息技术常规课学习 Scratch 的相关知识，所以基础篇起到复习巩固的作用。

实践篇：围绕计算思维三维框架中计算概念和计算实践两个维度进行 Scratch 作品学习制作，理解计算概念含义，掌握程序基本结构，学会使用自然语言和流程图描述和分析作品。在 Scratch 作品的选择上有动画、游戏、故事，其中以游戏为主，吸引学生兴趣的同时，让学生在原有作品的基础上发挥创造。

在实践篇学生不仅要掌握基础知识,还要在教师的引导帮助下通过不同的计算实践,完成并修改完善 Scratch 作品。两次阶段测验把计算实践中"测试和调试"部分设置成独立的课程活动,鼓励学生独自把程序中的"臭虫"(Bug,即错误)找出来并修复,保证程序正常运行。这样做的目的一方面是检验学生对先前知识的理解程度,因为学生只有在读懂程序指令的基础上才会找到程序中的错误;另一方面是培养学生问题分析和解决能力。这一点也是和《义务教育信息技术课程纲要》中"算法和程序设计"模块中"程序结构与设计"部分的第四点要求相一致的。

应用篇:是让学生综合运用先前学习的知识进行 Scratch 作品的创作,并在他人分享交流之后再次完善自己的作品,这一篇章最主要是对学生计算观念的培养。

编程课程实施需注意的策略为:

1. 教学设计要合理

在项目制作的过程中,要恰当合理地设计易错点,不能生搬硬套,每个项目中设计两三处错误就好,合理把握课堂时间。

2. 完善相关微视频

希望把其他计算概念的微视频也制作完成,继续完善该校本课程体系。

3. 学生合作异质分组

学生合作完成"大创造家"课时任务时,要根据学生平时的学习情况表现,进行异质分组,共同制作完成作品。

课程六:啦啦操课程

啦啦操是一项鼓舞人心的新兴运动项目,由球类比赛中中场休息的表演演变而来,是融健美操、舞蹈、音乐以及各种技巧动作于一体的集体舞蹈,注重激情、活力和团队精神,超越健身操范畴,追求最棒的舞蹈动作,既是体育的,又是娱乐的。

通过本门课程的学习,使学生初步了解啦啦操的发展起源和历史,掌握啦啦操的基本理论、基本技术和基本技能,掌握动作编排的基本原则,培养学生的表演能力、教学能力和编排能力;在啦啦操教学过程中,结合专项的特点,培养学生合作意识和团队精神,享受集体荣誉的快乐。目前学校的啦啦操课程主要分为三个梯队，即第一梯队操课、第二梯队操课和全校操课。其中全校操课是面向全校师生，主要集中在大课间操课、室内操以及学校活动时，以某一固定操课训练为主，主要是为了让全校的师生都对啦啦操有初步的认识和体验，培养兴趣。第一梯队操课、第二梯队操课主要是面向有学习啦啦操兴趣和需求的学生，开展的比较专业的课程训练，其中第一梯队为学校首发梯队，一般训练时间较长，啦啦操技巧掌握比较稳定；第二梯队主要是面向刚刚进入课程的学生开放，一般是初学者、肌肉训练和音律感知在初步发展期的学生。无论是哪个梯队，在整个学期的每节课都以根本节奏进展热身，加强根本练习、灵活性和身体协调，学生们在课堂上学习听音乐和掌握音乐节奏。

第一阶段：专项身体素质

柔韧练习、控制练习、力量练习、协调灵巧练习、耐力练习、爆发力练习。

第二阶段：根本步伐＋根本手型的稳固

基本手臂动作：上 M、下 M、平举 W、高举 V、下举 V、T、小 T、直臂平举 X、高举 X、下举 X、屈臂 X、X、上举 A、加油、上举 H、下举 H、小 H、L、倒 L、K、侧 K、R、大弓箭、小弓箭。

基本下肢动作：立正站、军姿站、弓步站、侧弓步站、锁步站、吸腿站。

基本跳步：分腿小跳、分腿大跳、C 跳。

第三阶段：成型啦啦操队形练习和难度动作练习，成套的完成质量练习汇报表演。

在这一过程中，随着学习根底的稳固和难度的增加，在运动质量要求的前提下，表现出了运动的感染力。

五、和创课程的目标与内容

（一）和创课程的总目标

和创课程，是多学科学习之后融合（跨界）课程，综合运用多学科解决实际问题的课程，是将行动、体验和实践融会贯通的课程，如应急救护、职业体验、研学实践、三园札记、科创课程等。知识学习和技能掌握只有贯穿于社会生活中，才能更好地深化发展。和创课程以体验式学习为主要方式，以社会实践场域为现实载体,以项目化实施为目标,是课程体系中更高层次的课程。本课程的建立,总目标设定为:培养学生创新意识和探究意识,锻炼学生实践、探究、创新能力、科学研究能力、信息处理能力、实践操作能力等;使教师素质得到全面提高,特别是组织学生自主进行综合活动的能力和水平。建立一支具有综合实践活动校本课程开发能力和实施能力的教师队伍。

(二)和创课程的具体目标与内容

和创课程作为学校在相关国家基础课程和地方课程指导下所衍生的拓展校本课程,主要包括五大课程:救护课程、职业体验、研学实践、三园札记、科创课程。

1. 救护课程

救护课程主要分成两个方向进行开展,第一是在小学体育教学中展开应急救护教育,第二是联合市区红十字会、人民医院、应急管理局等有关单位根据学生年龄不同设置相应的教学方案。

(1)体育教学中的应急救护教育

从生命的视角,从体育的起源与本质出发,探索建立中小学教育中生命安全教育的长效机制,将生命安全教育纳入常态化教育,使学校教育中的体育主动契合生命安全教育,发挥其体育的专业技能和独特功效。课程内容主要包括珍爱生命、逃生技能、生活安全、运动安全等方面,如教育训练学生应对自然灾害的能力,包括地震、泥石流、火灾等突发性、灾害性事故的生存能力;教育训练学生生活安全方面的能力,包括日常生活的交通、用电和生命财产受到侵害时的安全防范能力;教育学生珍爱生命,在遇到人身伤害时的自我保护、防卫、运动安全、救护的能力;还有保持健康的心理状态下懂法、守法和防范违法犯罪的机智应对能力。

(2)引入校外力量的应急救护教育

在每学期开学第一周、节假日和寒(暑)假前安排不少于4个课时的应急救护知识培训课程。课程内容包括:心肺复苏和创伤救护(止血、包扎、固定、搬运)技术,紧急避险和防灾常识(重点是地震、火灾、洪水等灾害发生时群体安全有序撤离),交通事故、中毒及溺水等灾害事故和突发事件的应对及处理。针对小学1～6年级不同阶段确定不同的教学内容重点。

2. 职业体验课程

职业体验课程作为中小学劳动教学必修课的重要组成部分，在核心素养培养的过程中扮演着重要角色。小学阶段是小学生了解自己、认识社会、理解职业的开端，是其职业生涯思想形成的初级阶段。课程的设置，最终指向让每个学生认知自我，幸福体验。在职业体验课程深入开展过程中，学校深切感受到学生所具有的乐学习、擅合作、勇创新的能力，并在活动过程中不断提升自我，敢于担当。根据学生年龄特点和学生需求，对学生感兴趣的课程进行全面安排、统筹协作。

3. 研学实践课程

研学实践课程是基于学校"让生命在和美中绽放"的办学理念，在国家基础性课程，以及立足学生个性发展的校本生态课程基础上开发的特色课程。在几年时间里，学校在实践中不断丰富与拓展研学课程的内涵与外延，形成了比较系统的研学课程。这一课程以培养全面发展的人为根本出发点，力求融合和延伸国家课程，培养有品质、有品位、有品性、有品德的人。研学课程活动的开发既能培养学生的探究能力，又能使教师参与到研学活动的设计中，培养教师教学设计的能力。

（1）课程目标

①给孩子们提供更多的自主活动空间和活动时间，更好地培养学生处理突发情况的能力，提高学生解决问题的能力，使学生在与同学之间的交流合作中增强自身的动手实践能力，将学习到的理论知识进行实践。

②研学旅行课程开展的过程中，学生通过教师适当的引导提高自己的随机应变能力，完成教师布置的学习任务、丰富自身的知识素养，形成课程学习的良性循环。

（2）课程内容

学校开发了"生态之旅""民族之旅""红色之旅""劳动之旅"四个研学课程，力求从认识生命、感受生活、关注自然、认知科学、审视文化、树立自我六个维度培养学生的人文素养。其中，生态之旅为学生打开了认识世界的一扇窗户，从而使学生对生态环境有了环保的理念，塑造有品质的生态和美少年；民族之旅，力求让每个孩子遇见美好、涵养民族文化，为孩子们开启一扇品味之窗，塑造有品位的和美少年；红色之旅重在开拓学生视野，了解红色知识，为孩子们开启一扇认识历史的窗口，旨在塑造有品格的和美少年；劳动之旅重在培养学生劳动素养，认识劳动工具，培养劳动能力，塑造有品德的和美少年。四个研学课程各有侧重和独特内涵，而又相辅相成，整合了各类研学活动，以培养全面发展的人为根本出发点，面向全体学生，着力培养有品质、有品位、有品格、有品德的和美少年。

4. 三园札记

三园札记是学校实施的"三园"课程，以花园、果园、菜园为载体，让学生在课程学习中亲近自然、关注自然，在实践中培养和提升动手能力、解决问题能力和沟通交往能力，增强社会责任感，体验生命成长的意义。学校"三园"课程以注重综合性、实践性、实效性为出发点，也以此来设定课程目标。

（1）课程目标

在综合性上，学校将"三园"劳动课程与德育、智育、体育、美育相融合，充分发挥综合实践活动的育人功能，使学生牢固树立"劳动最光荣、劳动最崇高、劳动最伟大、劳动最美丽"的观念，感受校园、家乡的美丽，培育家国情怀。

在实践性上，"三园"课程为学校系统开展综合实践搭建新的平台。课程遵循教育规律，让学生参与符合其年龄特点的多样化综合实践活动，学会简单的劳动技能，养成良好的劳动习惯等。例如，将学校的"菜园"作为校园劳动实践基地，采用"包干区"的方式，将菜园的管理，如浇水、除草、卫生、病虫害防治等分配到各班，让全体学生参与到日常劳动实践中，并以班级为单位在全校开展评比活动，促进日常劳动的有效开展。其中，学生在劳动教师、科学教师和花草种植专业人员的指导下，到菜园里亲自动手学习当地常见花木的育苗、扦插、移栽、管理等技术。在学校"三园"建设中，我校充分利用企业和社区的有利资源，构建起符合学生成长规律的本土化劳动课程体系。学校将"三园"劳动课程分为多肉盆栽、草花种植、果树管理、农场种植等四大类，并与劳动、科学课程相结合，融入儿童教育中。

在实效性上，"三园"课程进一步突破校园空间，整合社会力量，不断丰富学校教育资源，构建一个开放、多元、多维的"五育"教育课程体系，体现新时代促进学生全面发展的课程特点和要求。学校的"三园"课程分为春季和秋季课程，学生每月参加两次集中培训，在农业技术人员的指导下，参加适当的生产劳动，了解农业发展与产业变革，培养学生的科学精神、创新能力，形成正确的世界观、人生观、价值观。针对不同学段学生实际，学校采取了集中劳动和分散劳动相结合的方式。即按照"应季耕种菜单""日常护理手册""成果分享报告"等要求，1~2年级分散实施，主要与日常生活劳动相结合；其他年级分时段集中实施：3~6年级统一安排在每周四下午，主要参与田园护理、季节性耕种活动，让学生养成劳动习惯，学会合作，体会劳动光荣；学校根据季节更替统一安排学生开展劳动，主要参与田间护理、种植、收割与蔬菜的分享，让学生养成认真负责、吃苦耐劳的品质，初步懂得劳动创造价值，树立劳动服务意识。

（2）课程内容

在具体课程内容的实施上，从花园、果园、菜园入手，即"花园——感受美丽世界""果园——探究生态发展""菜园——体验劳动生活"，具体内容如下：

活动一：

花园——感受美丽世界：花园课程以年级为单位，每个年级有一个独特的主题，每个主题都是一个学习单元。在花园的活动主要包括"数一数""画一画""量一量""拍一拍""写一写"。在老师的带领下观察校园里的植物，用自己喜欢的方式写下观察日记。在老师的带领下拍下图片、查阅书籍、上网搜索资料，并学习对这些资料进行整理加工，认识校园里和生活中的花草，感受美丽的世界。

活动二：

果园——探究生态发展：让和美少年先认识校园中的果树，再了解人类文化生活中的果树，如民间故事中的桂花树、诗歌中的黄葛树、文章中的银杏树等，秋季果实成熟后开展采摘活动。由和美教师根据学生的年龄特征、兴趣爱好等指导学生自主进行展板设计、诗歌童话创作，让学生了解各类果树的科学属性及人文属性。秋季学期学校进行经验分享活动，分享形式包括文章、图片、影像、诗歌等。

活动三：

菜园——体验劳动生活：和美教师指导和美少年学习蔬菜的种植，初步掌握浇水、施肥、除草、移植、病虫防治等种植技术和养护管理；记录种植过程中的得失，与各种蔬菜共成长。

5. 科创课程

（1）课程目标

为确保每一位在校学生亲自实践研究"身边的科学"，探索"身边科学的奥秘"，扩大视野，掌握有关的科学知识、技能，我们制订了学校的科创课程总体目标：提高学生素养，发展学生特长，促进学生个性自主和谐的发展和身心素质的全面提高，成为新一代具有创新意识和较强实践能力的未来接班人。

我们在以上总体目标的基础上，又细分了低、中、高年级的分学段目标，使师生能够更为清晰地跟进目标开展活动。具体如下：

低年级（小学1～2年级）：培养学生具有初步的科技意识，培养学生对科技活动的浓厚兴趣，初步养成勇于探索、追求新知、实事求是、敢于创新的科学精神。

中年级（小学3～4年级）：培养科技实践中的合作精神和创新精神；培养实事求是和辩证唯物主义的态度；培养学生主动获取与生活和周围环境有关的现代科技基础知识，并对一些科学现象进行描述；初步培养学生的参与能力、动手能力、解决社会实际问题的能力，学会简单的科技技能。

高年级（小学5～6年级）：进一步提高学生的科技素养，发展学生的特长，促进学生个性自主和谐的发展和身心素质的全面提高。

（2）课程内容

学校本着"以学生为本"的课程教育理念，强调活动课程的实践性、开放性、自主性、探究性，先后开展构建了"科学与生活"（包括"和动物交朋友""牵手植物""巧制标本""家乡的矿产"），"艺术与素养"（包括"民间工艺""剪纸""编织""十字绣""科普剧编排与创作""科幻画"）等校本课程的开发与研究，初步形成了两大科技教育体系。

第三节 和美课程管理

和美课程管理是以学校和美课程的管理为核心，来探讨与学校和美课程有关的各方面管理，主要包括和美课程规划管理、和美课程开发管理、和美课程实施管理和和美课程评价管理等内容。

和美课程规划管理包括管理组织制定课程发展规划等相关课程文件，规划学校整个和美课程发展主要路径等管理活动。

和美课程实施是具体落实和美课程设计，实现和美课程预期教育目标的主要过程，和美课程实施管理决定着其实现程度，因而非常重要。关于课程实施的含义，主要有两种观点：一种是固定不变的，即课程实施就是忠实执行课程方案规定项目的过程；一种是动态的，认为课程实施还要研究学校和教师在执行具体课程的过程中的影响因素，以及因此进行的调适。和美课程作为一种学校和教师自主的、灵活的课程探索，更多是一种连续的、动态的不断调适的过程。和美课程实施管理主要包括学生选课走班管理、和美课程开展管理、课程教学方案的管理以及学生学习质量的管理等。

和美课程评价是指评价主体，运用一定的评价方式，对和美课程规划、开发与实施是否实现了课程目标，以及实现程度如何的价值和效果的检查、判断。和美课程评价管理包括评价主体管理、评价方式管理和评价结果运用管理等。

一、和美课程管理的基本属性

（一）管理主体的独特主体性

和美课程是以学校为本、由学校自主决策、自主管理的课程，是一种以学校为基地，校长、教师、学生等共同参与课程决策、课程规划、课程开发、课程实施与课程评价等活动过程的课程管理模式。这揭示了和美课程管理的第一个基本属性——主体性。

和美课程管理的主体性主要体现为自主，自己决策，自己规划，自己开发，自己实施，自己评价。但是这种自主不是随意，不是任性，它是一种自由的价值理念，在行动层面则体现为一种规则下的自由，这种规则既包括事物本身的发展规律，也包括社会公认的社会准则。这种自主是遵循事物发展规律和社会准则，尊重他人需要，根据实际情况，从自身意愿和能力等出发做出的决策和行动。

和美课程管理的主体包括学校行政管理主体、教师实施管理主体、学生参与管理主体。和美课程管理主体拥有前所未有的主体性，学校从被动的教学管理实施者转变为主动的课程管理决策者、领导者，教师从被动的课程实施者转变为主动的课程开发决策者、课程实施领导者，学生从被动的受教者转变为主动的选课者、参与者。和美课程管理最终通过这些主体的主体性的发挥，达成其管理的自主性，包括学生基于自身需要的自主选择，教师基于自身能力的自主操作，学校基于自身实际的自主发展。

（二）管理活动的有序组织性

一般认为，课程是为获得处理学习者某方面的经验的目标，为他们提供一系列经过组织的学习机会的计划，这些计划涉及目的、设计、实施、评估等内容。在辩证唯物主义哲学认识论看来，只有经过组织序化了的教育内容才能称其为课程，所以课程和和美课程的一个本质特征就是组织性。管理是指通过计划、组织、领导、控制及创新等手段，对人力、物力、财力、信息等资源进行组织，以期高效地达到组织目标的过程。管理活动同样具有组织性。无论是从课程本身属性来看，还是从管理活动属性来看，和美课程管理毫无疑义具有组织性的基本属性。

（三）管理客体的个体差异性

和美课程设置的初衷是"尊重儿童立场，人人发展、各个出彩"，是探索五育并举培养模式改革的重要途径和内容，要求是个性化，并为学校、教师和学生的个性化发展服务的。

（四）管理机制的有机系统性

从系统论来看，系统是普遍存在的，世界上任何事物都可以看成是一个系统，同时又可能是另一个更大的系统的组成要素。在学校教育中，课程管理是一个系统，和美课程管理是其中一个有机组成部分，同时又自成系统。我们对和美课程管理进行思考，就要从整体上把握和美课程发展的内在动力、外部条件，统筹和协调影响和美课程的各种因素，使其前后衔接，协调平衡，实现系统发展，提高效率。

二、和美课程管理机制

学校是和美课程管理的主要主体，这是新型的三级课程管理体制赋予学校的课程权利，也是学校应承担的课程责任。学校要实现和美课程管理的课程权利，承担课程责任，需要有相应的和美课程管理机制。

（一）和美课程管理机构

本校在现有管理部门、机构的基础上，成立了专门的和美课程管理机构，并明确各自的分工、职责、任务，为和美课程管理提供组织保障。包括以校长为组长、校级领导为副组长，学校各部门负责人一起组成的和美课程领导小组，负责"和美课程实施方案审核、和美课程实施整体协调、和美课程成果奖励、和美课程完善、其他和美课程重大事项决定"。和美课程领导小组下设和美课程开发小组、和美课程实施小组、和美课程评价小组。和美课程开发小组由课程研发中心领导，成员包括各学术成员、各教研组组长和各和美课程任课教师，主要负责和美课程实施方案设置、和美课程的审议、列出和美课程清单、和美课程开发指导审核、和美课程相关数据资料问题研究。和美课程实施小组由教导处领导，成员包括教导处、年级组和各和美课程任课教师，主要负责和美课程备选清单、和美课程选课、学生选课及调剂、和美课程实施、和美课程实施情况督促（教师到岗、教师教学计划备课资料收集、学生到课情况及纪律、学生和美课程过程和终结性评价资料及运用存档等）、和美课程成果管理。

（二）和美课程管理制度

和美课程不仅体现了国家对课程目标与课程标准做的重大调整，同时在课程设置、课程内容、课程实施、课程资源的开发与利用、课程评价等方面赋予学校和教师较大的自主权。针对这种变化，学校原有的教学管理系统不足以完全满足相应的要求，因而需要建立新的学校课程与教学管理制度，建立和美课程管理的规章制度。本校在以上机构、部门及分工的基础上，还对和美课程申报、审议、评价等事项及制度进行了明确，以更好地开展对和美课程进行的规划设计、开发、实施和评价的自主管理活动，充分发动学校教师参与到和美课程中来，并探索和美课程持续发展的管理机制。学校完善了和美课程管理制度，设置并审核通过了学校和美课程实施方案，对和美课程审议、教学管理、和美课程评价、和美课程管理分工、职责及激励机制等进行了明确。

（三）和美课程管理机制

本校在和美课程管理机制上，结合"自上而下"与"自下而上"两种管理模式的优点，采用双向管理机制。"自上而下"的管理机制是指学校在和美课程管理的决策、规划、设计上，在上级文件精神和政策范围内，根据学校自身情况，形成了相应的和美课程实施方案，统筹课程分类清单、规范教师课程申报流程和内容、明确学生自主选课流程和要求、整合分配课程资源等。"自下而上"的管理机制是指学校在和美课程管理的申报、选课等具体实施和评价反馈等方面，给予教师、学生极大的自主选择、探索、体验空间。

（四）和美课程规划管理

1. 成立和美课程规划管理机构

学校成立了以校长等校级领导为首的和美课程领导小组，负责和美课程实施方案审核、和美课程实施整体协调、和美课程成果奖励、和美课程完善、其他和美课程重大事项决定，进行和美课程规划管理。下设和美课程开发小组、和美课程实施小组、和美课程评估小组，规划、协调、控制学校和美课程管理全程。

2. 确定学校《和美课程实施方案》

明确了成立和美课程领导小组、和美课程开发小组、和美课程实施小组、和美课程督导与评估小组等管理机构，明确了分工与职责；明确从学生的兴趣出发，以学校为基地，充分利用学校优势教育资源和努力发掘本地教育资源，开发出德育类、人文修养类、知识拓展类、体艺素质类、创新实践类、生涯发展类等六大类符合学生多样化兴趣需求的、促进学生发展的、可供学生选择的课程；规定了学校和美课程规划、设计、开发、实施和评价等管理活动的实施路径与办法；确定了和美课程的评价包括课程实施过程中对学生的评价、对课程教师的评价、对课程的评价和对课程组织实施的评价四个方面，以及各类评价的主要内容、要求、方式与路径；规定了和美课程完善的办法和路径。

3. 组织学校和美课程设计活动

学校结合自身办学理念，结合当前教育发展和新课程改革的趋势，决心充分发挥和美课程积极灵活的有效优势，开始新一轮的和美课程开发与建设工作。制定并审议通过学校方案，规划好校本课程建设的基本路径后，学校开始了学校管理层面和课程教师层面的课程设计工作。在整合学校已有校园课程资源的基础上，动员广大教师积极参与，组织开发了二十余门种类多样、形式各异、内容丰富的优质和美课程群，并通过课程、选课设计等最大可能开展小班教学工作，以有效推动和美课程建设取得最好效果。

（五）和美课程开发管理

1. 构建和美课程开发机制

我们认为和美课程不是一般的兴趣课、活动课等，应该是立足学校、教师、学生的课程。和美课程应以学生需要为主要指向，以教师自主为主要手段，推动学校个性发展、特色发展，使课程具有满足社会发展和学生需求的能力。

学校成立了以校长为组长、学校教研部门、学术中心牵头的包括各部门各学科负责人为成员的和美课程开发领导小组。带领教师根据国家或地方制定的课程纲要的基本精神，在对学校培养目标、学校发展需要、社区发展需求、学校与社区课程资源等需要与现实进行评估研究的基础上，开发和美课程。在此基础上，教导处负责拿出初步的学校和美课程实施方案，确定和美课程开发的总体目标、大致结构等，并提交和美课程领导小组审议通过，以更好地实施和美课程的开发。

2. 组建和美课程开发教师队伍

和美课程作为由学校自主管理的课程，它的具体开发和实际实施主体是教师（可以是单个教师，也可以是教师小组）。为了使更多的教师积极参与到校本课程的实践中来，学校在对现有和美课程资源、教师和美课程开发意向与能力进行摸底了解的基础上，以教研组为单位，积极号召发动各组教师组团或个人参与和美课程工作。

（六）和美课程实施管理

1. 学生选课走班管理

学校根据精心开发的和美课程体系、结合本校各个教师的专业开设了丰富多彩的课程。整理成和美课程备选清单、和美课程选课资料，学校教导处、年级组组织的和美课程选课指导动员大会，通过各个课程负责老师到班级宣传自己的课程，供学生了解课程及其背景，使学生对和美课程及其选课有了大致的了解，对自己所要选择的课程有了大致的意向。在此基础上，在学校规定并统一提前通知的选课系统开放时间，家长们迅速通过手机端和电脑端登录系统选择自己心仪的课程。很多和美课程都选择了小班教学模式，设定了人数上限，因此选课必须得先下手为强——抢。

选课完毕后，和美课程实施小组通过选课平台统计学生选课数据，整体协调、适当进行合理调剂并公布学生最终选课名单，并知会给相应部门和领导、上课教师和学生。通过统计、规划现有多功能室、教室、资源情况，结合学生选课人数等，排定并公布和美课程上课时间、各和美课程开展场所。通过明确考勤、课程反馈与评价要求，及时跟进落实反馈情况等方式做好学生走班管理工作。

2. 和美课程开展管理

学校领导高度重视和美课程建设工作，和美课程开展前，和美课程实施小组统计规划了学校现有课室、设施设备资源情况，并通过购置等多种途径解决缺少的课程开设所必需的设施设备、资源等，为课程开展做好充分的准备。布置并明确了和美课程实施各环节的分工、职责，以便各部门分工协作。

和美课程开展过程中，学校管理人员巡视校园，进行整个和美课程开展工作的巡视检查，及时了解情况，发现并解决问题；学生管理部门、年级组巡视检查，进行学生走班情况的监督管理；每门和美课程的负责教师具体负责本课程开展的组织和管理工作，第一节课上，同学们来到各自选择的和美课程课堂时，基本都了解了各课程的背景来历、规范要求，明确了班长、学习小组及组长等班级组织，初步领略了各课程的趣味盎然、风姿风采。

3. 课程教学方案管理

学校方案规定，由承担各和美课程的教师根据提交课程材料认真确定教学内容框架、教学计划并根据教学计划认真备课、上课和进行课程考核，期末将教学计划、上课资料和课程考核结果资料等及时整体打包报送给教导处。

课程之初，教导处就指导教师对课程的计划进行了整体设计，组团申报的课程要明确各自任务分工并负责上报；课程实施过程中，课程实施小组及时跟进并落实要求，并通过建立和美课程教师群分享交流等来进行推动；期末课程告一段落时，要及时收集整理资料并进行反馈，在评价中予以体现。

4. 学生学习质量管理

学生学习质量管理既是和美课程实施管理的重要内容，也是落实课程、达成课程目标的重要体现。本校和美课程管理中的学生学习质量管理与国家课程的质量管理有所不同，主要是过程性评价。通过学生自己学习过程中反映自身成长的资料，如学习时收集到的资料、故事、照片，学习过程中完成的作业、报告、作品、活动照片等，教师对学生在课程学习过程中的考勤、学习表现等，家长、社会人士的反馈评价等来进行。学生学习质量评价的形式根据教学内容的不同，体现多样性，以此来鼓励教师进行和美课程建设工作，激发学生兴趣和信心，促进学生自我认识和成长。

管理团队成员通过及时的巡查、走访，收集课程实施过程中的第一线消息、第一手资料，及时收集反馈课程实施过程中遇到的情况和问题，以便研究解决。老师也及时收集、反馈信息和问题，交流看法和感受，进行调整控制。

（七）和美课程评价管理

1. 评价主体管理

学校方案对和美课程评价管理进行了规范，引入多个评价主体，包括学生、教师、管理人员、家长等。对学生的评价由学生进行自我评价和任课教师进行评价；对课程教师的评价包括教师自我反思性评价、管理组织教学检查评价、学生反馈评价；对课程的评价包括课程教师意见、建议，学生代表反馈意见，乃至家长、社会人士的建议和意见。

2. 评价方式管理

学校方案规定了本校和美课程评价采用多种方式进行。总的来说，主要进行过程性评价，汇总过程性评价形成终结性评价；具体评价方式来说，采用定量评价如和美课程的开设数量、教师和学生的考勤、提交的教案等教学与管理资料数量等，定性评价如各类反思、意见、反馈，包括对和美课程开发、和美课程教学管理的专业性、系统性评价，对和美课程实施教师、学生的深入评价等。从评价时效来说，有即时反馈，也有延时的阶段评价、终极评价。

3. 评价结果管理

本校和美课程评价结果管理方面，其运用是多个方面的，主要包括：即时工作反馈、价值理念引领、工作方法分享提升、存档记录、评优评比依据、工作量计发依据、研究资料等。

三、和美课程管理特色

1. 管理机制专门化

为了更好地落实和美课程管理，学校建立了专门的适应和美课程管理的管理机制，这对于和美课程管理工作的推进是非常有帮助的。

（1）强化和美课程管理组织功能

本校强化了和美课程管理的组织与功能，有专门的和美课程管理组织，包括校级层面的和美课程领导小组，中层管理层面的各科室部门负责人牵头的各个和美课程管理小组，广大教师和学生参与的和美课程管理团队。和美课程领导小组决策、规划和美课程发展，制定、审议了和美课程规划发展文件，组织专门人员开展了课程设计论证，制作了和美课程计划表格，指导教师进行课程设计。在和美课程管理的中层管理职能明确上，采取了和很多学校在和美课程管理中同样的策略，将和美课程管理主体责任归到学校教导处，由教导处在学校的统一领导下，主要负责和美课程的全程管理。加强学校教研机构——教导处在和美课程管理中的主体地位和功能。

（2）确立系列和美课程管理制度

本校明确了一些和美课程管理的制度，提高了和美课程管理的效率。在确定新的和美课程管理制度的时候，注意把握了一些原则：一是突出了本土性和区域性，以选修课的形式实施；二是从学生和社区的需要出发，充分尊重学生的选修权利，强调多样化和个性化；三是追求以学生和教师为主要服务对象，将学校的现有条件和教师及学生的需要有机结合起来，做到既符合课程建设规律，又具有可延续性和可操作性。

（3）采用多种和美课程管理机制

本校和美课程管理采取了"自上而下"与"自下而上"两种管理机制，这能有效发挥两种管理机制的长处，既能规范和美课程建设有序进行，又确保教师、学生等有足够的空间，自主选择、探索、体验、发展。

2. 管理主体多元化

学校管理层面，学校和美课程领导小组下面，教导处牵头负责，各教研组和学科骨干教师积极参与，年级组具体实施，各部门配合管理，形成了行政力量大力支持、学科专业力量积极参与的一体化的和美课程管理工作格局。

课程管理层面，让教师、学生、家长都作为和美课程管理的管理主体，积极参与到各项和美课程管理的决策、实施中来。校内教师通过教研组来发动组织，既可以团队申报课程，也可以个人申报，既集体联动，保证了参与面和效率，又充分发挥个体智慧，提高了自主性、积极性；学生选课方面，学校教导处收集整理了和美课程负责教师的个人资料和课程简介，整理成和美课程备选清单、和美课程选课资料，利用钉钉等技术平台和力量做好选课设计，学校教导处、年级组组织召开和美课程选课指导动员大会，并通过教师到班级宣讲，供学生了解课程背景、内容及任课教师，使学生对和美课程及其选课有大致了解，对自己所要选择的课程有大致的意向。家长可以通过手机端和电脑端登录系统选择自己心仪的课程，从而使家长也参与进来。

3. 课程门类多样化

学校在整合和美课程、社团活动资源的基础上，结合学校附近教育资源，结合本校教师情况、专家论证、学生选课意愿征集等过程，最终确定了礼仪课程、国际理解课程、岗位课程、吟诵课程、话数学、桂语课程、双节课程、生命课程、三园札记等20余门和美课程，课程内容涉及人文素养、学科拓展、体育健康、艺术欣赏、生涯发展指导等门类。丰富多样的和美课程门类给学生提供丰富的课程选择机会，让学生学会了解自己，学会做出选择。在实现国家课程的规定水平外，为学生的发展提供更多的空间与可能——既有满足更多兴趣的，也有提升更多能力的空间与可能。

4. 选课走班有效化

学校引进、整合各类资源，为和美课程管理所用，为和美课程选课走班奠定基础。校内硬件设施方面，各功能室等最好的教学设施设备条件，并通过购置等多种途径解决目前所缺少的和美课程实施所必需的设施设备、用品资源等，为和美课程实施做好充分的准备。校内软件资源方面，学校在对本校现有和美课程资源、教师和美课程开发意向与能力进行摸底了解的基础上，以教研组为单位，积极号召发动各组教师组团或个人展开和美课程申报工作，再整合原有的和美课程、社团活动资源等，建设了20余门和美课程。

四、和美课程评价

和美课程因其含有"校本"的属性，在学校和美课程建设中，会具有其一定的独特性。关于和美课程评价概念的界定有很多，一种比较认可的观点认为校本课程评价是对和美课程进行的价值判断，是学校相关人员以一定的评价方法、活动途径对和美课程目标、和美课程计划、和美课程实施以及实施活动的结果等有关问题的价值或特点做出判断的过程。因此，和美课程评价从价值取向和功能方面具有其独特属性。

（一）和美课程评价的价值取向

和美课程评价的独特属性主要体现在以下四个方面：

1. 以"校"为本的课程评价

以校为本，首先是以学校为中心。和美课程的评价是发生在学校的内部，是学校能够控制的一种评价。以学校为中心的和美课程评价，意味着评价过程需要考虑学校的情境和具体脉络。同时，也应明确，学校虽然以学校作为中心，但也要持续地适应影响学校的外部环境。这里的外部环境指的是学校为更好地进行和美课程的设计而寻求上级教育主管部门、同盟校、教育科研部门、大学、相关专家的协助,或在进行课程实施过程中来自社区、家长等的资源。其次以校为本,强调学校的自主性。自主性一是体现在学校通过和美课程的评价进行的一种自我反省,这是对课程实施全国的纵向评估和改进。二是体现在对和美课程评价的控制能力,学校对和美课程评价的内容、方法、标准、实施步骤有权进行组织,对和美课程评价的设计、实施和反馈有权进行开展。最后以校为本,要基于学校理念、体现学校特色。

2. 多元主体共同参与的课程评价

和美课程评价主体的多元化,是课程权利下发的必然结果。和美课程评价的主体包括了参与和美课程开发的所有相关人员。这些人员包括了来自学校内部和外部的人员,外部人员可以有上级教育主管部门、课程专家以及学生家长代表、社区代表等。内部人员包括学校的管理人员、教师和学生。和美课程评价的特殊属性决定了,评价主体不可能是一元、单向的评价,而是由多元主体共同参与的、多维度评价。

3. 以发展为目的的课程评价

教育部颁布的《走进新课程》中,对评价进行了描述:"评价的根本目的在于促进发展","关注学生、教师、学校和课程发展中的需要,突出评价的激励与调控的功能,激发学生、教师、学校和课程的内在发展动力,促进其不断进步,实现自身价值"。和美课程评价作为学校课程评价的一种,同样是旨在发展和提高学校课程开发质量的一种发展性评价。

4. 一以贯之的全程评价

和美课程的开发包括对和美课程各个环节的开展进行的及时的诊断和预估。这些环节每一步也都需要评价来进行完善和修订。对和美课程全过程的评价,就是要对学校背景、规划方案、实施过程、实施结果的全程评价。

(二)和美课程评价的功能

和美课程的独特价值取向,决定了其特有的评价功能。具体体现在五个方面:

1. 诊断功能

通过和美课程评价,能够有效地找出在课程实施过程各个环节的优缺点及原因，为后续的修订提供可参照的结果。

2. 导向功能

通过和美课程评价，教师能够判断自己课程教学中开展的活动与目标之间的"距离"，学生也能够获得对自己学习是否"达标"的判断，同时为和美课程本身的发展走向提供参考依据。

3. 调控功能

通过和美课程评价，师生能够了解自己在课程的教学和学习的变化和进展，并发现其中存在并且可能存在的问题，并根据这些问题进行随时的调控。这些问题能够作为思考和促进课程中教学和学习的出发点与依据。

4. 激励功能

通过和美课程评价，能够在课程评价中得到肯定性的结果从而产生精神的"成就"与"满足"，对他们来说会产生激励的作用从而促进其发展。当然，结果也可能对它们产生消极的紧张和焦虑，这就尤其需要在课程评价时充分发挥评价的发展功能，选择"适度"的评价尺度。

5. 管理功能

通过和美课程评价，能够"证明"或"甄别"和美课程建设的价值。评价过程不仅有形成性评价，还有总结性评价。它的突出价值是判断和证明在和美课程建设中教师教学和学生学习的水平和层次。

（三）和美课程评价体系的框架

和美课程的评价由于介入了和美课程开发的全过程，因此，需要构建一个完整的体系对和美课程进行全方位的评价。评价就是要解决评什么、谁来评、怎么评、用什么评的问题。

（1）教师

教师应该是和美课程评价的主体。一是伴随着课程权利的下放，他们作为课程开发的主要权利者，对和美课程开发的目标、内容、组织、方法都有相应的权利和责任。这要求教师要不断地反思和美课程的开发和实施，并在反思中不断地改进和完善和美课程。教师是最了解课程的脉络和问题的人，通过和美课程实施过程中对问题的不断反思，寻求解决的办法。而这个寻找问题又解决问题的过程，同样是评价的过程。特别需要强调的是，有的课程开发工作不仅仅是教师个体的工作，需要借助教师研究团体的力量完成，因此，教师研究团体也应在课程评价中作为评价主体出现。

（2）学生

学生作为和美课程最直接的感受者，他们对教师组织的教学最有发言权。这是因为学生既是和美课程实施的对象，又是和美课程编制与实施的目标。让学生群体也参与到和美课程评价的过程中，才能促进和美课程的正常发展。

（3）课程专家、和美课程管理者、家长及社区代表

和美课程管理应是课程评价的成员之一，因为他们通常会作为学校和美课程开发的"领导者"参与和美课程的顶层设计，推动学校和美课程的建设。家长和社区作为学校的服务对象之一，对学校有一定的要求和期望，因此他们也应是和美课程评价的成员。同时，课程专家也应在和美课程评价中有一席之地，原因在于学校的和美课程开发需要校外课程专家科学性的指导和意见，他们能够为校本课程提供理论的支持和技术的保证。

（四）评价过程

不同的学者通过对评价模式的研究，确立了评价的过程和步骤。泰勒将评价看作是对课程目标实际达成程度的描述。斯塔弗尔比姆认为评价重要的意图不是为了证明（prove），而是为了改进（improve），他构建的CIPP模式由四种评价组合而成：背景（context）评价、输入（input）评价、过程（process）评价和成果（product）评价。此种评价模式能够对课程开发的各个阶段进行持续的监控，并贯穿于课程的每一阶段，为和美课程的决策提供大量信息，便于学校对课程评价实时监控，实现形成性评价与终结性评价的有机统一。黄政杰曾对各种观点进行归纳，提出课程评价一般有八个步骤组成：确立评价目的——依据评价问题描述所需资料——进行相关文献的探讨——拟定评价设计——依据设计搜集所需资料——整理、分析并解释资料——完成评价报告——推广、反馈、实施评价。和美课程评价贯穿于课程开展的全过程，因此根据上述学者们的观点，和

美课程的评价至少包括三个过程：一是对和美课程实施前的评价，二是对和美课程实施过程中的评价，三是对和美课程实施后的评价。

（五）评价方法

对和美课程评价的方法能够概括为两个方面：一是定量与定性相结合的评价方式。在进行和美课程评价过程中，既要考虑到定量评价以确保评价的客观、准确和标准化，同时还要考虑到定性评价，这是对评价的人性化的考量。二是评价方法丰富多样。有研究者认为常用的课程评价方法有社会测量图示、兴趣调查表、等级量表以及测验等，而典型课程评价方法主要有档案袋评价和苏格拉底式研讨评定。和美课程内容的丰富性，决定了和美课程评价方式要多样性。因此，在进行和美课程评价时，应设计多种不同维度、不同方法的评价方式，使评价更为全面和准确。

（六）评价标准

不同的和美课程相关利益体对和美课程的价值判断是不同的。比如同样是对和美课程开设的要求，学校的上级主管部门、本校教师以及本校的学生对校本课程开设的要求会各不相同。那么如何对这些期待和目标进行衡量，这就需要用一个评价的标准作为一种尺度进行评价。确立越完善的和美课程评价指标，对校本课程评价标准描述得就越清晰，对和美课程的建设就越具有指导作用。

和美课程准备过程的评价标准

一级指标	二级指标	评价要点
背景	学校概况	明确提出学校办学理念系统
		客观描述办学条件
		对学生能力水平和发展需求有回应
	学校内外资源分析	资源与办学条件的一致性
		家长对学校的期望有一定的回应
		体现社区资源与特色
	学校发展需求	明确提出办学愿景与规划
		符合教育发展规律
	课程现状分析	明确提出课程现状与优缺点

和美课程目标	学生培养目标	育人目标清晰
	教师发展目标	专业化发展目标清晰
	课程建设目标	培养目标清晰
课程规划方案	目标设计	符合国家教育政策、体现新课程理念
	内容选择与教学组织	对认知、情感、技能领域目标的定位
		教学方式的多样性与适切性
	课程设置	课程结构设置合理、课程安排合理
	课程评价	体现评价的多元化、个性化
	管理与保障	课程实施策略与分工明确具体
		保障全面且可落实
		校内外资源充分开发与利用

和美课程实施过程的评价标准

一级指标	二级指标	评价要点
教师教的过程	教学准备	教学准备充分
	教学氛围	课堂气氛民主、融洽
		体现师生互动
	教学过程的组织	教学内容及目标达成度好
		策略的选择与运用恰当
	教学方法及评价	体现教学方法的多元化
		体现教学评价的多元化
学生学的过程	学习准备	学习准备充分
	学习目标的达成	掌握理解知识与基本技能
		经历和体验学习过程和方法、形成能力，表现积极的情感
	学习兴趣的发展	参与程度高
		学习兴趣强烈
	创新、探究、实践能力的发展	培养解决问题意识与探究能力
		培养创新意识
		形成交流与合作能力、实践能力

和美课程实施效果的评价标准

一级指标	二级指标	评价要点
学生学业的成长	学习成果	学习表现成果的体现
		学习动机、态度、习惯的成长
		创新意识形成与创新思维与实践能力的体现
		学习方式方法的转变
		基本技能和基础知识的掌握
	个性化发展需求的满足	满足个性化发展需求

教师专业的成长	课程专业品格与开发经验	课程意识的提升
		课程研究能力的发展
		合作精神的体现
		课程开发专业能力的提升
		课程评鉴能力的提升
	课程专业技能	组织与管理能力的提高
		自我评鉴专业能力的提升
课程满意度	对课程的满意度	学生对课程的满意度高
		教师对课程的满意度高
		家长对课程的满意度高
		课程开发委员会对课程的满意度高
	教师对行政支援的满意度	教师对行政支援的满意度高

第四节 和美课程的效果与感悟

一、学生的收获与感悟

丰富的"双基+三拓展"课程造就学生和美绽放,多样发展。依托课程,学生有了丰富的知识体系,能够对知识进行统整分析,同时学生对跨学科知识之间的关联性和互助性有更深的收获。而且,依托课程活动学生解决问题的能力有较大的提升,能够面对问题、分析问题、利用方法、团队合作、解决问题;同时其基本生活能力、应激能力等各项能够在具体的生活情境中得到很好的发挥。和美少年对自我、对他人、对社会也均能形成比较科学的认识,能够做到爱自己、爱他人,遵守公序良俗,能以礼待人;更尊重并传承中华优秀传统文化、革命文化、社会主义先进文化,在活动中锤炼出品德,做到知行合一;有较强的社会责任意识、民族自信和家国情怀,积极弘扬中国精神,人人树立"中国梦";具有终身学习的理念,积极参与,善用工具,积极反思;他们自尊自信,乐观向上,尊重差异,遵循天性,善思感想,激发潜能,敢于探究革新,具有全球化视野。

和美少年们积极参与学校丰富的课程活动,3D设计、双节课程、啦啦操课程等等这些活动中到处都是孩子们的身影。而孩子们依据自己意愿选择的课程,其参与度和效果都非常可喜。在学校的充分尊重和培养下,和美少年也在各个方面大放异彩。建校以来,和美少年在区级和区级以上获奖达300多人次,其中覆盖德育、艺术、创造、体育、社会服务等多方面。在学校"双基+三拓展"课程的引领下,校园随处都可以看到学生成长的笑脸和收获的喜悦,参加学校啦啦操课程并代表学校参赛的和美少年这样说:

我很喜欢舞蹈,所以我选择了啦啦操课程,学校也很尊重我的选择。我在学习啦啦操的时候很开心,课程并不只是我以前以为的枯燥的训练,老师会把动作和音乐结合,还让我们模仿动物训练;结合生活中的道具和场景训练,让我觉得好像在训练,又像在玩耍,不知不觉就学会了啦啦操。当然,我学会的还不止这些,每当有比赛我们的训练就会更加紧张。但是我每天的功课都不会落下,学习中我学会了如何更好地安排时间,提高效率;一次次外出比赛,我也更懂得如何照顾自己,照顾别人。来到啦啦操课程,我收获了很多,变得更独立、更自信了。

参加学校双节课程社团的和美少年不仅回家向家人和朋友讲述节日和节气知识、习俗,更向妈妈这样说:

自从我加入了双节课程社团,我知道一年有二十四个节气,也明白了传统节日和节气就是传统文化的一部分!它还很丰富,能吟诗、作画、烹饪、劳作……很多我喜欢的东西都可以在里面体验到。我还知道,人们的生活发生了变化,古代人过节气和现在的节气有些不同,以前春耕在立春后就开始了,现在气候变化,耕作时间也不一定了;以前过年要舞龙,现在这个传统越来越少,真是可惜。我下学期要继续学习双节课程,看看二十四节气和传统节日还有哪些奥秘!

"双基+三拓展"课程从真实生活出发,课程有真活动,学生有真体验,才会有真收获。

二、教师的收获与感悟

教师感悟之一:

听讲说演唱,和美共绽放

分享者:余婷

在学校"让生命在和美中绽放"的办学理念下,我们年级语文学科在上期初始拟定了《话故事》校本延伸课程。在一学期的实践中我们紧扣教材,挖掘符合三年级学生学习情况的传统故事《纸上谈兵》《精忠报国》用于开展活动。同学们在活动中听教师和名人讲故事;自己复述故事、转述故事、续编故事;说读后感想;扮演故事人物、共演故事情节,真实走进传统故事人物,增长了知识、启发了想象、促进思维、启迪智慧、感悟哲理,进而培养了学生美的情感,良好的品德行为和个性。从丰富的课程活动中,我有以下感受:

第一,活动体验式学习更有利于学生深度参与,多维思考。在延伸课程中,我让学生以小组为单位合作阅读了解故事,并自主分工、分角色走进角色内心,想象人物内心所想。再通过小组合作演故事的方式,把自我感受和收获表现出来。学生有情景的融入和真实的体验能够对人物的性格、故事道理有更深的认识和体会。

第二，充分尊重学生，挖掘潜能，活动增强自信。《话故事》延伸活动让我认识到很多班上学生的隐藏优点。在活动中，学生的语言能力、肢体运用能力、组织协调能力、团结合作能力、问题解决能力都在不断提高。我惊喜地发现，平时内向害羞的学生能够在故事扮演中找到自己的角色并把台词演绎得很生动；那些调皮的孩子能够控制住自己，沉浸到角色扮演中。每一个孩子都在延伸课程中有自己的收获。

教师感悟之二：

"Hua 数学"的研究反思

分享者：汪万茹

我校进行的"Hua"数学研究，在备课组内形成了以下反思：

第一，实践研究模型已初成雏形。Hua 数学里的话数学和画数学板块已被"说作为一种教师素养"指向教学目标，"说作为一种教学策略"指向教学设计过程，"说作为一种作业评价"指向教学反馈，由此提炼出教学实施模型，并从教学模型的实施原则、操作流程、支撑条件和评价方式四个方面进行了浅析探究。

第二，实践研究的反思不足。呈现出研究样本不够丰富，研究内容有待拓宽的阶段性问题。本研究主要是对"话数学"和"画数学"进行教学诊断的观察及研究，对与"化数学"的研究样本不够丰富，同时实践研究主要集中小学低段，对于4~6年级的研究样本量比较少，后续研究需要进一步扩大样本量。研究提出的"话数学""画数学"教学模型尽管有效，但实验内容多为新授课和练习课，对于复习课则相对涉猎较少。而作为三大课型之一的复习课在小学数学教学中占有重要地位，需要进一步加强教学模型复习课的教学研究。

第三，"说数学"的努力方向。在实践中，教学模型将训练融入课堂教学的每一个环节，具有一定的可操作性。但所谓"教学有模，但无定模"，"Hua 数学"教学模型在具体应用中也应注意灵活性，把握教学模型的魂，创新教学方式方法，在"Hua 数学"教学模型基本式固化的基础上，追求模型的多样化，结合具体内容、具体学情增加或删减训练环节，形成"Hua 数学"教学模型的变式，由此构建一种"基本式＋变式"的模型群，这将是未来研究努力的方向。

教师感悟之三：

遇见桂花，遇见成长

分享者：曾文茜

在学校"让生命在和美中绽放"的办学理念下，学校充分利用校园环境资源开发各类课程，桂语课程便是由此开发的多学科融合课程，涉及语文、数学、音乐、美术、科学等基础学科。这是学以致用、学中有创的课程。通过识桂花、赏桂花、量桂花、画桂花、唱桂花和研究桂花等丰富的活动，开展项目式探究学习，于实践中加深感知，进行综合运用，形成关键能力；深入了解桂花的同时，受到桂花熏陶，使之具备桂花般的良好品格，积极投身学习活动，在和美校园中绽放各自风采。从丰富的课程活动中，我充分地感受到：

激发学生探究兴趣，争做研究小主人。在校园里的遇见桂花之旅，是源自于学生的发现和兴趣，从闻香、寻桂、识桂，再到集桂、品桂、桂花手工，学生成了自我学习和探索的小主人，自己发现问题、提出问题，再动脑筋想办法去解决问题。各班老师也做一个积极的支持者、鼓励者和引导者，创造环境和条件供学生探究，帮助他们共同解决过程中遇到的问题。

在情境中探索，提升综合素养。在桂语课程中，孩子们在竞相开放的树下观察，一阵阵的香味扑鼻而来，勾住了孩子们的鼻子、眼睛和小手，与桂花"互动"。在桂语诗路上，孩子们用眼睛看、用鼻子闻、用小手摸，甚至还用耳朵听、用嘴尝，不仅直观感受，将桂花的美写进自己的习作中，甚至还创作起了小诗，用数学的思维观察桂花，用自己的画笔描绘桂花……桂语课程系列活动，让和美少年亲近自然、走近科学、享受艺术、创作文学。作为"双减"背景下为学生成长"赋能"的一次积极探索，在这样的丰质课堂里，教育回归本真，课程有机生发，教师充分利用资源，学生天性得以释放。

教师感悟之四：

合唱社团课程实施感悟

分享者：王梦涵

童声是美丽的，纯洁的，是世界上其他声音所无法比拟的或取代的。随着广泛开展校园文化活动的需要，童声合唱艺术作为一种高雅的音乐艺术表演形式得到了蓬勃的发展。优美动听的合唱不仅可以引导学生步入丰富多彩的音乐世界，还可以培养良好的音乐感觉和高尚的艺术情操。下面就结合在每周社团活动课程教学实践中的情况进行收获分享：

本学期与上学期相同，仍然是两个梯队。三至六年级为高段合唱团，一至二年级为低段合唱团。目前，高段合唱团已演唱四首多声部作品，三首外文作品，一首中文作品；低段合唱团已演唱五首单声部作品。在我看来，优秀童声合唱作品的演唱不仅可以激发学生对合唱艺术的兴趣、培养学生的节奏感、音高感和声感，引导学生步入丰富多彩的音响世界，进而培养良好的音乐感和高尚的艺术情操。所以在选择作品上，我们合唱老师都进行了精心挑选，根据学情来进行选择。

在训练中，我们从基础抓起，培养学生音高概念、节奏感、识谱视唱能力以及和声思维。当然，在训练中，教学法十分重要。演唱是抽象的，学生的发声方法不同于成年人，因为他们的发声器官没发育成熟，所以学生发声和成人发声有着很大的差别。所以，根据学生的生理特征以及学情研究教学法是十分重要的。通过唱游、律动，来激发学生的学习兴趣，转变为更加有趣的学习模式。通过上一学期的训练后，我们也见证了孩子们在逐步地成长与进步。

我们在合唱训练中坚持不单是要让学生唱会一个声部或唱会一首歌，而是要通过合唱的训练培养学生的和声听觉，发展和声思维，提高合唱技巧和能力，所以要求学生要将所有声部的旋律都掌握，让学生在各个声部都相互了解其艺术要求的前提下，能调节自身的音量和速度，达到声音和谐的效果。

总之，经过老师和队员的努力、合作，合唱队的训练工作取得了阶段性的成绩，校领导们听后给予很高评价。在下个阶段的训练工作里，我们将会投入更大的热情，把合唱队的训练工作做得更好，把合唱队的水准提升到一个更高的台阶，积极启发学生学习音乐的兴趣，通过有表情地歌唱使学生真正地感受到合唱艺术的魅力，以发展更多的队员，壮大我们的合唱队伍！

教师感悟之五：

舞蹈社团课程实施感悟

分享者：徐蛟

"不要丢下每一个热爱舞蹈的人，百花齐放，社团才更多姿多彩"。本学年开设的街舞社团分高段和低段，由多个班级、多层基础的学生交织在一起。由于舞蹈基础、身体的协调性等各不一样，必然导致社团成员舞蹈素养的层次差异较大，如何平衡这些问题，让学生和谐共生，让学生时刻保持对舞蹈有新鲜度，是我们开展街舞社团活动要解决的第一个问题。因此，在开展舞蹈活动的初期阶段，培养和保持学生对街舞的兴趣和热度最为重要。我们在街舞社团组建之初的训练中，会适当降低训练和动作的难度，让大家踮着脚都能够达到标准，运用活泼生动的语言，特别是在一些枯燥的基本功训练上，采用一些有意思的话语来命名，营造富有童趣的课堂，以提高刚入社团学生的兴趣，从而保证街舞社团活动能长期持续开展下去。同时，我们在每个学期的期中、期末，都会评选出若干个魅力小组和"小小舞蹈家",得到神秘小礼物等奖励。在社团活动中我们还广泛开展"我当小老师"的活动,跟着音乐唱一唱、跳一跳,谁创编的动作好,谁就到前面来当小老师,尊重每一位学生,让学生真切感受到自己就是社团的小主人。学生有兴趣了,愿意继续学习,社团才有生命力,才会多姿多彩。

教师感悟之六:
器乐社团课程实施感悟
分享者:杨逸 王晨蔓

我校"小禾"口风琴社团已经成立几年时间了,在社团教学过程中正确引导和激发学生的学习兴趣,了解他们学习中那种强烈的好奇心是社团教学的基本理念。在口风琴教学前,让学生亲眼看见各种各样的乐器,增强对乐器共性的了解,以此产生对乐器的兴趣。同时不会的学生充满羡慕之情,这时教师用口风琴吹奏乐曲,让学生觉得学好了口风琴,他们也掌握了一种乐器。

口风琴教学要尽可能地与唱歌、鉴赏、创造等教学活动结合起来,而且这种结合要在学习乐器的一开头,也就是说,不是先学习乐器的演奏技术,等到掌握技术之后再与其他领域相结合。教师应充分认识到学生是教学的主体,以鼓励为主,及时地肯定学生的进步,让学生体会到成功的满足感。只有使学生觉得教师可亲可近,可以依赖,感受到一种心理上的愉悦和满足,才能使学生消除紧张心理,积极完成学习任务。

口风琴吹奏的练习方式也有科学的规律,一是练习的时间宜分散、经常,忌集中、一曝十寒。所以,在每周只有两节音乐课的前提下,还要经常开展课外音乐活动,尽可能做到"曲不离口,琴不离手"。在教学中,我不仅从以上四点重视对学生的培养,更注重学生的实践活动。如:当学生能够进行口风琴合奏歌(乐)曲后,利用一切机会让他们进行特长展示。通过这样的实践活动不仅激发了学生学习口风琴的热情,更重要的是培养了他们强烈的集体荣誉感。

三、学校的发展与收获

渝北区空港新城人和街小学校是2017年开始组建的一所新学校,在课程建设上还在不断地摸索着前进,但目前学校已实施开展的相关课程,对学校的发展也产生了积极的影响,取得了一些成效。和美课程开发与实施按照和美教育哲学,坚持五育并举,五育融合,以和为美,以和育人,"和"促发展,"美"成人生,并以此开展丰富多彩的课程活动，助推和美少年的全面发展与个性发展，呈现出"人人发展，个个出彩"的良好校园生态。

德育课程的实施中，学校德育团队申请的区级课题《基于社会主义核心价值观的主题式德育课程开发研究》，将社会主义核心价值观与校会、班会相结合，确定学月专题，结合学情和实事，细化每周小主题，深化育人成效。

双节课程作为融合性课程，因校制宜，依托学校自有三园，即菜园、果园、花园，让学生体验四季耕作，气候变化。双节教育既有学科渗透，又有社团支撑，节气社团开展节气观察，小手画节气，还有面向全员的实践体验，如节日民俗体验，双节知识问答，双节小使者说节气等校本活动，从课内到课外，从校园到家庭，到社区，形成多元立体的实践场域，滋养学生成长。

和悦课程中艺体课程的开设更是为学生特色发展提供了更为广阔的舞台，校级社团中涌现出一批批"和而不同·尚真达美"的和美少年，他们在各级各类比赛中崭露头角，取得骄人的成绩。2019年12月学校的啦啦操队，作为一支成立两个月的啦啦操队，荣获2019年中国体操节公开幼儿甲组小集体组花球规定动作第一名；2020年12月，学校获得区中小学幼儿园啦啦操一等奖第一名；2020年11月学校获得区班级合唱比赛一等奖；2020年11月，学校获得区第六届"课堂器乐"比赛一等奖第一名；2021年1月学校作品《我和我的祖国》《匈牙利舞曲》获重庆市义务教育阶段学校第六届课堂器乐小学组合奏一等奖；2021年6月渝北区学生艺术活动月声乐专场及朗诵场均获一等奖；2021年7月学校作品《童心园》获区第七届"中华经典诵写讲"小学组一等奖；2019年12月，学校被评为区首批戏曲进校园示范学校；2020年11月，学校被评为区生活垃圾分类示范学校；2021年11月，学校在全区进行了"双减"背景下的课程育德展示，其办学成果得到了与会专家、同人的一致认可。其次，学生在音乐、美术、体育等相关个人获奖中也成绩斐然。

第四章　打造高效和美课堂
——人人发展，个个出彩

第一节 和美课堂的内涵

一、和美课堂的界定

一切教育的核心都是指向人的发展。空港新城人和街小学也不例外，学校以"让生命在和美中绽放"的办学理念为指导，力争通过和美课堂的打造实现培养和美少年的育人目标。和美课堂是指在师生之间、生生之间民主、和谐的教学氛围中，尊重个体自身的独立性，让学生个性得以优化，在教学过程中进行审美体验，培养学生的创新精神和审美能力，促进学生的基本素质和个性品质得到和美发展的课堂。和美课堂以"儿童立场""系统思维"为核心要素，注重关注人人，将课堂思维转化为课程思维，不是为一堂课而教，而是为学生的终身学习奠基，通过"备、教、学、评一致性"课堂的建设，促进学生学会学习，以此提升学科素养。

具体来讲，和美课堂需从"坚持一个目标、遵循两条规律、构建三种策略、树立四种意识、具备五大特点、做好六个坚持"六个方面打造。

坚持一个目标：培养和美少年——品行端庄、表达文雅、思维提升、实践创新、活泼生动

遵循两条规律：学生身心发展规律、学生认知发展规律

学生身心发展规律：学生的身心包括身体和心理。遵循学生的身心发展规律

就是备课设计中要充分了解学情，精准拟定教学目标，科学选择教法、学法，指导课堂教育教学实践活动。

学生认知发展规律：学生的认知包括注意、感知、记忆、思维、想象、言语等。遵循学生的认知发展规律就是课堂教学过程中遵循学生认识客观事物的基本规律去开展课堂教育教学实践活动。

构建三种策略：先学后教·以学定教·顺学而导

先学后教——精准了解学情，知道学生要什么

以学定教——科学拟定目标，明确学生学什么

顺学而导——合理选择方法，教会学生怎么学

树立四种意识

把学生当作学生，让学生成为自主学习的主人；

把学生当作朋友，让学生成为亦师亦友的伙伴；

把学生当作老师，让学生成为互帮互学的良师；

把学生当作儿童，让学生成为永葆童心的天使。

具备五大特点：氛围和谐·目标精准·方法灵活·个性灵动·人人发展

氛围和谐——师生、生生关系融洽。彼此之间互相尊重友善、平等交流，学习过程氛围愉悦畅快。

目标精准——准确、精当、高效整合各种教学元素，课内、课外拓展延伸，目标有高度、广度、厚度，三位一体，一课一得。

方法灵活——教法、学法灵活生动，富有生趣。操作便捷，利于实践，感悟体验深刻。呈现出学生课堂小手直举，小嘴常开，小脸通红，小眼发亮，下课了学生还意犹未尽，围绕你转的样态。

个性灵动——一个个鲜活的生命组成了学习共同体，创造在师生、生生之间碰撞中生成，个性在流淌的探究中彰显，独具个性的学习使课堂富有灵动美。

人人发展——检验课堂质量的标准：习惯得到培养，积累有了知识，能力有所提升。也就是人人在参与，生生有发展，个个有收获。

做好六个坚持：

坚持从"知识"回归"能力"，提升生命品质；

坚持从"书本"走向"生活",开阔生命视野;

坚持从"教给"转向"学会",激发生命潜能;

坚持从"传授"导向"体验",感悟生命价值;

坚持从"规训"变为"自由",创设生命发展空间;

坚持从"分数"指向"发展",张扬生命个性,实现生生不息的创新与持续不断的生长。

六个坚持的中心是学以所用,情景化、实践化是促进学生真实发展的基本原则,强调把知识的学习放在情景中进行,实践运用检验学习情况,这是和美课堂最明显的特征。立足儿童真实需要,围绕"找到真问题——建构真方法——会用真方法——解决真问题"这一学习路径,和美课堂呈现三种学习样态:即"让全体学生展开学习""让全体学生发生学习"和"让部分学生深度学习",三者互为关联,层层递进,既能保证全体学生学习,也能因材施教,满足不同层级学生的学习需求。

总之,和美课堂追求和谐臻美的课堂样态,力求让和美教育思想渗透到课堂中,让师生关系和谐起来、让教学过程灵动起来、让课堂规章温馨起来、让思想境界丰盈起来。

二、和美课堂的教学原则

和美课堂意在进行教学活动,以传递、转化和建构教育知识为基本手段,从而掌握知识、发展智力和能力、培养品德并促进个性发展。依托"和美课堂"目标与内容的研究,已提炼形成教学范式与实施策略。其中,和美课堂是否成立,还需遵循其特有的教学原则。

1. 关注人人

关注人人,是指教师教学设计和教学过程中强化学生的主体地位,在尊重每位同学学习需求、学习实际现状的基础上,设置差别化的、个别化的、层次化的教育。对于很多教师来说,在进行教学设计中重教学目标轻学习目标,把教看得比学重要,在课堂教学中,只关注少部分学生,大部分学生并未参与其中。所以,作为关注人人的原则可以在尊重学生个别化和差异性原则的基础上,引导学生从不同角度思考问题、创造良好的学习氛围帮助学生建立信心等方面尊重学生,针对学生在学习过程中所表现的主体性和自主性差异，做到因材施教。

2. 注重表达

一般说来，教师的课堂表达是基于备课的表达，更多的是有预设的成分，但学生的课堂表达却更多的是生成，是在学习了相关知识后的自然成果，是教学高效的核心。传统教育模式导致了学生养成的学而不思、思而不疑、疑而不说的陋习，而和美课堂要求学生在课堂上勇于表达、善于表达。学生在掌握了知识的基础上，形成了自己的思维与观点，经过产生疑问、独立思考、大胆表达，锻炼和培养分析问题、解决问题的能力。

3. 发展能力

知识是能力的基础，但能力对知识也有反作用，有相当的能力能够反过来促进知识的积累。知识与能力相互整合，相互促进，但知识与能力并不一定完全成比例，但总的来说，能力比知识要重要得多。这一原则，则体现出和美课堂重在发展学生的能力。很多教师在课堂上把传授知识放在了首位，忽略了能力的发展，从而遏制了学生学科能力及学习能力的培养。和美课堂教学中，除了一方面以最佳的途径、方式、方法学习最佳的内容；还要注意另一方面重视开发智力，培养能力，用智能这把钥匙去打开一个个知识的大门，以适应这种新形势的挑战。当然，在某一特定阶段，对知识与能力的要求各有侧重，但这一过程不是截然分开、各自封闭的，而是有机融合的。

4. 因材施教

在和美课堂上每一位教师在教学活动中应当照顾学生的个别差异。这一原则是为了处理好集体教学与个别教学、统一要求与尊重学生个别差异问题而提出的。

由于遗传素质、家庭环境和个人成长经历的不同，在同一班级中的学生，虽然有着共同的年龄特征，但是在学习的成绩、学习态度和方法、兴趣和爱好、气质和性格、禀赋和潜能方面都会存在很大的差异。教师是对由个性完全不同的学生组成的集体教学，因此因材施教要适应每个学生的不同需要及可能进行有针对性的教育。因材施教在我国有着悠久的历史传统，孔子的教学实践就为后人提供了这方面的典范，值得后人学习。如他说"求也退，故进之；由也兼人，故退之"，意思是"冉求老是退缩，因此我要鼓励他上前；仲由呢，他胆子大，敢作敢为，因此我要压压他"。朱熹总结孔子的教学经验说:"夫子教人,各因其材。"

5. 尊重儿童

和美课堂在教学活动开展中提倡要充分考虑到学生的发展水平。传统教学活动要讲究效率,在同样的时间内,学生所学越多则教学效率就越高。但是,教学效率的获取必须以符合学生身心发展规律为基础,脱离了这个基础,不仅教学效率本身是不可靠的,还会对学生的发展造成消极的结果。在和美课堂实施过程中,我们要求教师充分了解和重视少年儿童的年龄特征,悉心研究各年龄学生的发展规律和能力,避免教学难度低于学生的实际接受程度,学生会因为缺少必要的注意和紧张而难以对所学知识留下深刻印象,而且由于无法进行有价值的学习活动而使各方面的发展失去机会。

总之,上述五种原则是和美课堂法则和标准的最好体现,每一条原则都不是孤立的,因此在教学中,一定要把各种原则有机地结合在一起。原则是为教学服务,而不能被这些教学原则所束缚,要结合教材和学生的实际,灵活地渗透这些教学原则,并在教学实践中,有效地运用到每个教学环节。

三、和美课堂的教学模式

"模式"一般指被研究对象在理论上的逻辑框架,是经验与理论之间的一种可操作性的知识系统,是再现现实的一种理论性的简化结构。乔伊斯和韦尔在《教学模式》一书中认为:"教学模式是构成课程和作业、选择教材、提示教师活动的一种范式或计划。"因此,和美课堂教学模式是在和美教育思想和理论指导下建立起来的较为稳定的教学活动结构框架和活动程序。作为结构框架,突出了教学模式从宏观上把握教学活动整体及各要素之间内部的关系和功能;作为活动程序则突出了教学模式的有序性和可操作性。根据以上思想,先提出四步和美课堂教学模式。

1. 创设情境——感美

在和美课堂的课堂导入环节通常会用到情境创设。主要是围绕课堂教学内容构建教学情境,借助生活情境、故事情境及真实情景等教学情境激发学生的内心情感共鸣,并引导学生在教学情境中自主思考、自主实践,让学生真正感受到课堂学习的乐趣,从而促进学生学习兴趣以及综合素养的培养。

当然，情境创设不仅局限于课堂的导入部分，它可以是进入新知引发的情境，是解决某个问题创设的情境，是由学生课堂生产形成的情境或是贯穿整堂课构建的情境。合适的情境带入课堂教学，使教学内容丰富多彩，让学生处在生活经验、认知水平相适应的情境，从自身生活感悟出发，用自己的慧眼观察发现、引发思考、交流表达、学习感悟。

2. 思维生长——悟美

创设情境的环节意在把学生带入和美课堂的学习环境，进入较佳的学习状态。在教师接下来进行的教学流程和设计的教学活动中，则为了促进孩子思维的生长。和美课堂应当让学生的思维多飞一会儿。引导学生运用适当的思维工具显性表达思维过程可以帮助教师从中发现学生思维的生长点，让思维摸得见，让成长有支点。思维层层深入，课堂的价值所在，也是学生的成长所在。

这里所指的思维生长是要让不同学情的孩子在课堂上都能得到思维上的提升，不同孩子在进入课堂和课堂结束后，思维起伏是有变化的。这就决定了它的首要条件是因材施教，老师在备课时要足够了解学情并分析，有效设计课堂。另一个条件就是，教师在教学过程中，要做到关注人人，这样才能把不同学生的思维都推向一个新的高度。

3. 迁移创造——创美

在和美课堂模式的第三步中，让学生立足于前两步"会思维"的课堂上，再次构建了自己的深层次学习，从知识的缓存走向知识再造。一节课不仅有知识的存储和思维的提升，更应该让学生具有知识的迁移能力并走向实践。因此在课堂上练习实现思维能力运用与知识的双重迁移是必不可少的一部分，给学生创造一定的自主学习创造空间，以便学习者离开学校以后能继续自主学习，成为学生长远发展的一种终身学习能力。

当然，这样的迁移创造过程需要内在动力的支持，这就需要执教者能为学习者创设积极的情感体验，从而更好地促进学生自主学习。

4. 领悟实践——践美

在和美课堂模式的第四步上，我们着眼于学生真正的能力掌握和运用。从"会思维"到"再创造"，最后落实到行为实践中。在和美课堂上，教师耐心、细心的帮助，学生相互学习，相互鼓励，给学生一个民主开放、平等和谐的学习环境。在课堂的实践中学生能自然地形成良好的思维习惯，提高分析问题、解决问题的能力，学会正确处理人与人之间的相互关系，提高对社会、环境的适应能力。

以上"感美——悟美——创美——践美"四个步骤适用于所有的学科，它在于让学生在和美课堂上经历知识学习、思维提升、能力创造和领悟实践的过程去发现学习之美。在课堂实施上，也不能僵硬地去套用这四个流程，需要教师根据实际情况，灵活处理，适当调整。

第二节 和美课堂教学改革实践行动

和美教育的核心词是"和谐""臻美",这是基于未来人才培养的教育哲学,着眼学生的可持续发展,纵深推进学科育人,课堂教学要从关注知识的获得、能力的养成,走向关注儿童生命的体验,以此实现育人价值最大化。和美课堂教学必须以儿童立场与系统思维贯穿始终,课堂教学的实施者——教师,眼中有儿童,心中有体系,手中有方法,让和美教育在和美课堂中真实落地。

一、理论学习,认识和美

学校以专题培训、沙龙研讨、印发《教师工作手册》等多种形式,解读和美教育,阐释和美课堂,让和美课堂理念根植教师心中。

(一)专家指导,共建"和美"

如何既能吸收人和教育集团"和声课堂"学科育人的精髓,又能创新出我们对教育的个性化解释和实践?我校在行政成员的统筹下,成立课程研发中心。一边与集团领导进行对接,观摩真实的和声课堂;一边特别邀请西南大学课程与教学论的专家参与学术沙龙研讨活动,思考和美教育的内涵,在教育内涵的支撑下,构建和美育人目标的逻辑关系,从"和"对于人的发展意义出发,从教育意义上体现"和美"的教育层次,丰富与完善课程框架。经过一年左右的研讨、实践和修订,学校内部基本达成共识——"和美"教育究其本质就是遵循学生、教师、学校科学发展规律,因材施教,循序渐进,全面而个性发展的和谐而大美的教育。

和美课程,其核心是张扬个性、寻求共识、实践创新、和谐育人。

和美课堂是指在师生之间、生生之间民主、和谐的教学氛围中,尊重个体自身的独立性,让学生个性得以优化,在教学过程中进行审美体验,培养学生的创新精神和审美能力,促进学生的基本素质和个性品质得到和美发展的课堂。具体来讲,和美课堂从坚持一个目标、遵循两条规律、构建三种策略、树立四种意识、具备五大特点、做好六个坚持六个方面进行打造。

（二）全员参与，共行"和美"

教师是和美课堂的组织者，是实施和美教育的关键，因此我校采取民主调查、集中培训、分学科教研、随堂听课等形式全面推进和美课堂的理念落地生根。在课程建构初期，学校通过问卷和访谈了解教师们、家长们对于学校文化建设的想法和建议，在此基础上分学科组拟定校本课程项目。待校园文化基本确定以后，又通过学校文化的专题会议学习，让每一位和美教师对于学校文化特别是课程文化有清晰全面的认知。

纸上得来终觉浅，绝知此事要躬行。要让和美教育思想渗透到课堂中，让师生关系和谐起来、让教学过程灵动起来、让课堂规章温馨起来、让思想境界丰盈起来，必须要依靠课堂中的实践。因此我校由教导处组织，每星期定时开展学科主题教研，共同观摩研讨课例，交流在日常教学中出现的问题，积极寻求对策，优化作业的设计和评价。为提高和美教师的常态课质量，我校还推行了推门听课、新教师亮相课、骨干教师示范课等常规活动。除此之外，我校以赛促研，以赛促教，每学期定时开展"和美杯"赛课活动，以此为契机，激励老师们深入研讨学科育人内涵，内化和美课堂精髓。

（三）积极宣传，共述"和美"

教育，不是单打独斗，需要集合集体的力量，"和美"教育内在呈现的是：整合各种教育资源，构建和美课程。为让"和美"课堂在各方力量的支撑下丰盈起来，我校采取多种方式积极宣传，以扎实的成果述说和美课堂的独特魅力，赢得家长的支持，获得社会各界的认可。

一是通过学校公众号，让"和美"课堂的灵动"看得见"。我们以照片、文字、视频等多种形式用心记录和美少年们常规课堂、运动会、社团活动等精彩瞬间，这些成长样态中，笑是表象，其核心是学生、老师内心的绽放，是成功，亦是成长。

二是通过学校的校刊，让"和美"课堂的成果"看得见"。我校积极动员老师们将教学设计进行反思后的再创新，将教学中的困惑和发现整理为论文，将课堂中和美少年的发展进步叙写为教育叙事……我校定时将和美教师的教学成果收集起来印发成册，让和美课堂的育人本质成果化、具体化、可视化。

从"书本"走向生活，从"知道"走向"做到"，我们既会遥望星空，更会脚踏实地。

二、案例初探，感知"和美"

"纸上得来终觉浅，绝知此事要躬行"，理论学习必须与实践相结合，才能最终服务于课堂，使学生受益。理论学习后，学校组织老师们对和美课堂理念进行了初步探索。

语文学科朱丽如老师执教了《狐狸分奶酪》一课，开课时，朱老师以游戏的形式帮助学生回顾有关狐狸的故事，很自然地导入新课。回顾学生已有经验，调动学生学习积极性，是和美生长的基础。在字词教学中，朱老师抓住难读的生字词，用多种方式引导学生认读，帮助学生理解字词意思，本课后鼻音、翘舌音的生字比较难读，生字主要集中在第一自然段，朱老师还特别关注了"小哥儿俩"这个词，指导学生读好儿化音和长句子，为理解课文内容做准备。这篇课文中，读好对话是重点，因此，朱老师采用了多种方式，激发学生读的兴趣，并联系上下文揣摩课文中人物的心情，体会人物心理，帮助学生更好地进入角色，了解课文内容。从开始的"未知"到后来明白人与人相处要互相谦让的道理，学生的思想意识和知识有了质的增长与进阶。

数学学科王君老师通过话数学，"尊重差异"，设置不同难度的习题开展分层话数学，学生可以用语言文字说数学，学生可以说书、说题、说树状图、说生活中的数学和数学故事。由表及里、由内到外，为学生提供了展示内心想法与思维方式的平台。帮助学生开阔思维，拓展数学知识，提升数学表达能力，加深对数学知识的理解，从而真正实现"化数学"。

英语学科蔡斐斐老师执教的《My friends》中，蔡老师用一首英文歌调动起学生的细胞，通过创设问题情境，引出今天的学习主题——My friends，不断为学生提供探索的机会，personality，job 的展开，为后面对文本的总结及学生介绍朋友搭建了支架。单词游戏的学习活跃了课堂气氛，学生非常积极，大大地提高了课堂效率。在 Chinese or not Chinese friend 环节，有两张图片是外国人穿着汉服，引导孩子们观察事物要关注其本质，而不是停留在外观上。通过问题的引导，发散学生思维，让学生学会归纳总结，学会方法。在作业的选择上，蔡老师根据不同学生的情况设计了分层作业，也体现了和美课堂尊重学生、关注人人的理念。

音乐学科熊祝老师执教了《春天举行音乐会》一课，从七个方面来实现教学目标：触发听觉，激发想象美；调动听觉，感受表达美；联结视觉，认知表现美；紧扣形象，歌唱抒发美；对比听辨，感知结构美；分析体验，丰富认知美；感官联动，创造声音美。让学生感知音乐的美妙，帮助学生从听觉到视觉，再到体验，乐感由此而生，想象由此唤起。

美术学科黄璟老师执教了《留住秋天》一课，通过让学生欣赏感知，回顾上节课留住秋天美的方式，引出还能用一种有趣的方法来留住秋天，激起学生兴趣。让学生尝试制作，在制作过程中发现问题，再引导学生解决问题，在解决问题的过程中明确如何取材、怎样制作才会收到较好的效果。课后还让学生去探索、去实践，用树叶画这种独有的形式留住秋天，叶中有画，画中有叶，帮助学生感知美、收获美，培养其审美能力。

科学学科韩颖老师执教了《声音是怎样产生的》一课，从学生的好奇心出发，抛出问题，与学生一起研究声音产生的原因，提出假设，引导学生自己尝试，并让学生进行记录。再进行小组汇报，明确假设，一步步引导学生思考和论证，最后验证假设并探索更多物体的发声，再次验证假设。学生的思维从无到有，最后了解了声音产生的原因。

体育学科徐东老师执教了《跨越式跳高》一课，通过个人练习、小组练习、小组比赛挑战不同的高度练习开展学习活动，抓住了学生的好奇心和勇于挑战的心理，注重体育游戏学习，寓教于乐，在学练过程中发展跳跃能力，提高肢体灵敏度，培养学生基本运动能力，帮助学生健康全面发展。

在一次次实践探索中，老师们从理论走向实践，在实践中深化对理论的认识，对和美课堂教学有了更深的感悟和体会。

三、人人参与，实践"和美"

课堂教学是学校教育的主要途径，提高课堂学生参与度是提高课堂教学质量的保证。课堂教学的师生地位是教师的主导作用和学生的主体作用的双边互动关系。学生主动参与的实现，使他们从感性上形象地去体会其自身的主体参与地位及意义，以达到主体的感性实现，"参与"成了实现学生主体性操作上的有效落脚点。使全体学生参与课堂教育教学活动的全过程。参与越多越积极，主体地位感性体验越强烈，主体意识越得以增强，从而越促使其向理性理解的方向发展，反过来又进一步提高参与的积极性和自觉性。和美课堂主张人人参与，生生互动。

经过一段时间的实践探索，全校各学科推选出来的几名老师在和美课堂中做了分享交流，反映了此阶段教师们对和美课堂的理解和困惑。

语文学科组教师们通过对不同人数的小组活动展开研究。当学生对同桌合作学习掌握熟练后，开始向小组学习方式过渡。同桌合作学习是两人之间的交往，交流比较简单，然后过渡到4～5人组成的小组，合作学习要取得成功必定要有更具体、更详细、更多的合作要求，这些要求要落实到每次合作中，也需要在课堂教学中不断地训练小组合作学习的内容比同桌学习更丰富，需要学生掌握的合作技巧更复杂。

科学学科龚小利老师的制作叶脉书签这一课，本着"人人参与，积极体验"的原则让学生在项目式活动制作叶脉书签中学会观察，敢于尝试，积极探索，体验创作的快乐，培养孩子做事细心、耐心的习惯。

数学学科王君老师通过Hua数学，"尊重差异"，从布置不同难度的习题开展分层Hua数学，学生可以用语言文字话说数学，学生可以说书、说题、说树状图、说生活中的数学和数学故事；可以用图形数学符号画数学，画出思考过程；也可以通过思维整合化数学。遵循学生差异，学生可以自由选择Hua数学的方式和内容。

英语学科蔡斐斐老师通过分层作业设计，学生可以自由选择参与不同难度的任务：一星：read the text，两星：role play和三星：introduce your friend中任何一项。简单的任务对前面课时和本课有了复习巩固，复杂类任务也对接下来的课时提供思路和铺垫。这样的作业设计促进了学生作业参与的主动性和积极性。

美术学科黄璟老师采用小组合作的形式，以问题为导向，调动了学生学习的积极性，以学生为主体，让学生说，让学生做，让学生自己发现问题，自己解决问题，作品完成后让自己小组内自评，全班互评。

音乐学科袁建华老师创设情景"将要举办一场世界音乐会",给学生营造一个属于他们的舞台,让他们想说就说,想唱就唱,让学生做自己的导演。音乐课的合作,即是人人参与,在动脑、动口、动耳、动手中互助。一个孩子都具有丰富的创造能力,几个孩子的创造能力合起来将迸发出不可估量的艺术的火花。教学中以小组为单位进行合作学习,既能使孩子们得到智慧的融合,更培养了学生的团结。

体育学科徐东老师打破传统思维,采用多样化教学。横向式教学,学生互相指导学习;纵向式教学,学生组队学习,老师指导小组学习;交叉式教学,与其他班级一起学习;分散式教学,组队分散学习,各自按照自己的小组情况安排学习,然后给予老师汇报等等,多种教学方式混合使用,人人都能够发挥主动性参与其中。

四、研修团队,领悟"和美"

苏霍姆林斯基曾经说过:"如果你想让教师的劳动能够给教师带来乐趣,使天天上课不至于变成一种单调乏味的义务,那你就应当引导每一位教师走上从事研究这条幸福的道路上来。"我校是如何引领全校教师走上这条幸福之路呢?经过多次的探索,我们找到了一条集教研、科研、培训为一体的"1+6+n"研修模式。

(一)构建研修系统的缘由

构建校本研修系统,是学校发展的需要,是教师成长的需要,是学生生长的需要。现在有一种新的理念:学生得到发展、教师成就自我的双赢理念。以前,社会对教师的奉献精神给予了太多的赞誉,认为教师是"春蚕""蜡烛",表明我们的工作对于我们自身来说是消耗型的。新理念则强调教师不仅要"使学生成才",更要"成就自我",从而实现互动共进的双赢局面。学生对我们的期待,我们自身发展的需要告诉我们:作为教师,我们需要进行研究!研究是教师专业发展的幸福之路。

(二)构建校本研修系统具体策略

如何构建这个系统,运行这个系统,让教师主动发展呢?

1. 建立"1+6+n"研修模式

建设研修系统，首先以研修主题的形式组建研修团队。主要过程是：学校先确立以教学分管领导为"1"的研修带领者，再确定以每个年级的学科教研组长为"6"的二级研修中心组，最后辐射到以全校老师为"n"的研修大团队。在开展研修活动时研修带领者根据学校教育教学阶段性的目标，如"提高课堂教学质量的研究""'双减'下的评价体系设立"等问题设立研修的主题，学校的目标定位后，研修中心组根据学校的研修大主题，依据本学科的实际情况提炼出有价值、有意义的研修组的研修主题。然后再将研修组的主题分解成各年级教师研修的主题，这样研修组在一个研修主题之下，便形成了一个有共同目标的研修团队，有目标有实践地开展研修。

2. 组建研修团队，分层分工，科学系统

以我校语文组的"三次备课研修"为例谈谈主题研修系统的构建。2021年秋学期，学校顶层设计，全体行政共同确立了"小学语文三次备课研修"活动。按照"1+6+n"研修模式即："教学分管领导—中心组成员—教师"，开展主题研修活动。学校教学分管领导确定三次备课研修行动目标和研修主题；中心组成员率先开展学习研修和打卡实践活动，指导全体语文教师确定个人研修目标及实践活动。研修团队积极采用网络研讨和线下学习培训的形式进行研修活动。最后由中心组成员做好审核和汇总，形成系统化、科学化，集教研、科研、培训为一体的操作性强的研修系统。

3. 研修组内部建设，讨论研究计划和制度

研修主题确定后，无论是研修组，还是教师，要求对自己承担的主题通盘考虑：课题研究的意义、研究的价值、成果预测、研究的步骤、实施方法等等。这些内容要由教师经过深思熟虑后填写在研修组研修活动手册、教师研修过程手册上。这样教师的自身发展就有了目标，有了计划，既可以避免盲目性和随意性，又有利于提高教师研究的自觉性、科学性和实效性。与此同时，研修组内还要建立切实可行的规章制度，如研修制度、评比制度等等。

4. 建立有效机制，保障系统运行

学校层面我们设计了教研组研修记录，制定了每个主题研修实施方案。学校

通过行政手段制定规范、高效的运行机制，确保研修组、教师的研修活动顺利进行，建立的规章制度和组织包括：团队研修的领导责任制度；团队研修的计划、方案和开展活动制度；团队研修有效的评估机制；团队研修检查、督促、奖惩制度；团队研修档案管理制度。

这些规章制度和组织，有利于主题研修的制度化、规范化、科学化，在校本研修系统的环境中，成了教师发展的助推力。

五、同课异构，升华"和美"

为深化落实我校的和美课堂，深入跟进校本课程的开展，在和美教学理念已达成共识，和美课堂模式已初步建构的基础上，我校开展了"同课异构"的校本研修计划。各学科组及教研团队全员参与，积极践行，全面推进和美课堂教学研究。

（一）关于"同课异构"

"同课异构"，简单而言是指选用同一教学内容，根据学生实际、现有的教学条件和教师自身的特点进行不同的教学构思和设计。由于执教教师在教学理念、专业背景、教学技能以及对教材的理解和把握等方面存在差异，使同样的教学内容呈现出不同的教学样态和教学效果。

（二）活动程序

同课异构模式注重"同中求异，异中求同"，其含义为在教学方法运用上需要做到交流互补，其主要程序分为以下几点：

第一点：设计方案。参与执教的教师要根据教学内容进行教学设计，教学设计主要包含教学目标、重难点知识、教学实施路径和详细的教学过程等。

第二点：教学观摩。再由三名教师执教同一节内容，并要求听课教师对教学过程进行详细的分析，观察授课教师对教材的掌握程度。

第三点：教学研讨。听课后，分管领导和年级组还需要组织教师对教学过程进行讨论。整个讨论的过程就是一个研究和互动的过程，鼓励参与者需要通过自己的思路不断去创新和设想。

第四点：教学总结。在教学研究之后，各位教师把自己的收获写出来并分享出来。

（三）总结与反思

全校共成立了 9 个同课异构教学研究小组，围绕 9 个课例，推出了 56 节同课异构研究课，进行和美课堂教学实践活动。根据相同的教学课题，结合和美课堂教学理念，进行了充分备课（求同思异）——认真上课（同中显异）——用心评课（明同析异）。教师在同伴互助、专家引领及个人的领悟之下，教学理念得以转变，教法学法得以丰富，对教材的理解更加深刻，对教学环节的把握更加精准。让教师的教学经历一个从理论到实践，再从实践到理论的螺旋上升的过程。

接下来，学校将在研修过程中，抓好"同课异构"与"同课共构"的校本研修，把握好两者间的平衡点。让老师在同课异构（共构）的过程中互相学习，在实践中反思，在反思中达成，共同建构出精彩的和美课堂。

同课异构模式的理论基础是建构主义学习理论，其实施的过程集中地体现出了建构主义的知识观、教师观和学生观。使教师在备课中求同思异，在上课中实现同中显异，在评课中进行明同析异，从而关注人人、提升自身能力、内化和美课堂理念。

第三节 和美课堂在学科中的实践研究

一、德法学科：德法引领，师生共和

在"双基+三拓展"课程的背景下，道德与法治学科作为基础课程，同时紧密联系学生成长，融合道德教育，渗透入众多学科中，所以德法学科是和美课堂实践研究的第一步。以和美课堂教学模式为载体，培养学生道德与法治学科的核心素养，对于打造高效的道德与法治课堂、推进素质教育等，具有积极意义，它是构建高效课堂的基础。在德法学科课堂中，紧抓道德与法治教材、习近平思想读本等重要资源，联系学生学习、生活的具体情景和问题组织课堂。充分实现以德法为引领，促进教师和学生在课堂上的充分对话；以活动为工具，实现师生共情、共和、共同发展。

（一）立足情景，唤起学习经验

在德法学科课堂中，我们鼓励教师深度分析教材、政策文件、参考书目、学生生活等有效资源，倡导情景式的教学模式，以学生入情入景，最终实现共情共理为目标。设置情景是和美课堂模式的重要部分，学习应该联系于生活。教师可以根据教学需要，对教材进行适当的取舍和调整，并从学生的学习兴趣出发，充分挖掘源于生活的素材，进而有针对性地筛选、整合具有说服力和典型性的事例，让学生加以分析，并感悟个中道理。例如，在学习《小点儿声》这一课时，教师可以通过生动形象的场景和声音引导学生感悟不同情景，激发学生对不同环境给人不同感受的自我思考，并结合自身感受谈谈看法。在这种直观形象的感知中，能够让学生自觉唤起已有经验，主动地生成感悟和理解。在讲述"温暖的接力棒"这节内容时，教师也可以联系生活中的一些实际案例，如：刚刚过去的疫情中人民互帮互助的故事、河南洪水时八方支援的情景等。通过这一系列案例，唤起学生日常生活的体验，让学生明白帮助别人是美德，也是一件光荣的事情，而生活中的事件就是我们组织教学、养成美德的有效资源。

（二）深度追问，引起有效反思

和美课堂鼓励学生要在学习过程中深度参与，不断追问，引发不断反思是德法课堂常见的样态。德法学科以抛弃固化的知识评价为优势，是学生进行思维训练、品格养成的重要场域，课堂上学生可以进行不断的自我反思、自我辩论、自我反驳、自我说服。课堂上教师不仅关注学生的结果性收获，更守护学生的自我思维过程和内心想法，所以德法课堂教师努力实现学生思维可视化，并引发深度反思。我们采用"是什么？""怎么样？""为什么？"等基本问题追问学生，引发学生循着问题去思考；同时根据具体教学内容抛出话题引发小组讨论或者辩论。例如，在学习《小点儿声》这一课时，遇到"在教室讲话到底应该大声一点还是小声一点？"这一问题，学生能够很快就给答案，但是课堂设计活动"把你的观点说给同桌听，试着说服他（她）"这样的互动，让学生能够在追问下更清晰自己的想法，也能根据别人的想法修正或巩固自己的观点。这样的课堂上学生才能充分地参与，真正实现思维的转变。

（三）丰富活动，尊重学生体验

实践是认识的源泉。和美课堂模式下的道德与法治教学不仅要关注书本知识的学习，更要注重实践锻炼，教师应努力将道德与法治教学与社会生活结合起来，将学习内容从学校和课堂延伸到社会生活之中，在实践中培养学生的核心素养，不断巩固德育效果。丰富教学活动从两方面入手：首先是课堂活动，和美德法课堂以生生、师生合作为主要活动，具有丰富的同桌互动、小组活动、班级合作等活动形式。活动一般围绕一个主题或一个问题来开展，学生以任务驱动开展活动，主要以信息交流、汇总，观点说明、辩论，资料学习、讨论，情景分析、说明等形式举行。课堂丰富的形式能够引发学生更自主地参与，同时有更多的体验和收获。其次，有效延伸课外活动也是必要的措施。课堂联系生活要实现空间和时间上的双重联系，依据主题设计课外活动就比较重要了。例如，在《我们的学校》这一课中，老师设计学生分组并推选代表，代表采访学校校长团、教师、学生、工作人员的活动增强学生对学校信息的收集，同时在活动中锻炼学生多方面的能力。

(四)课程育德,引领行为蜕变

德法学科是学生思想品德养成的基础学科,所以课堂教学不应该被简单地分割成一节或几节课,把品格与观念养成过程人为地分离并不符合学生发展的规律。所以德法学科课堂教学紧扣"双基+三拓展"课程,尤其是德育方面拓展课程,以课程主题活动带动课堂有效延伸。德法课堂不仅仅是局限于学生对于道德、法治知识的掌握,最终的目的是导向学生行为的变化。而课程体系活动的帮助能够巩固学生行为,有利于学生形成比较稳定的行为模式。例如把《我的校园生活》一课的教学与诚信友善主题德育互动紧密相连,把《多种多样的民俗文化》与双节课程活动同步完成,有利于学生在活动中深化对德法课堂内容的理解,同时形成丰富体验。

二、体健学科:和而不同,人人出彩

小学体育课程教学作为小学教育阶段的重要组成部分,对于学生的身心健康成长以及综合素质发展有着至关重要的意义。但是,由于受到传统应试教育理念的影响,致使大多数的学校都将体育课程视作可有可无的存在,进而使得小学体育课程教学一直得不到应有的重视,从而大大降低了小学体育课程教学的实效性。我校体育团队积极应对课改的新挑战,充分认识到加强学生身体素质以及心理素质教学的重要性,从而摒弃传统落后的体育课堂教学模式,遵循"以人为本"的教育理念,关注人人,一切以学生为中心,创新多样化的体育课堂教学活动,进而促进学生的身心健康发展。

(一)创设游戏教学情境,激发学生运动兴趣

由于小学生大多处于身心发育尚未成熟的阶段,所以他们中的大多数都具有活泼好动以及充满好奇心和贪玩的性格特点。因此,我校体育教师就结合学生的这一性格特点,通过创设游戏教学情境的方法,利用多样化的体育游戏活动,进而有效激发学生的运动兴趣和积极性。体育游戏教学作为一种综合性的教学手段,以其多样性以及趣味性深受广大学生的欢迎,而且也是小学体育课堂教学中最常用的教学方法。所以,创设游戏教学情境不仅能够有效调动学生的运动积极性,

而且还可以有效提高学生的身体协调能力与思维能力。例如，教师在指导学生进行中长跑训练时，如果一味地让学生绕着操场跑步，很容易让学生感觉到厌倦与乏味，不利于学生形成良好的身体素质和心理素质。因此，教师可以在特定的位置为学生设置一些趣味性游戏关卡，进而能够有效调动起学生的跑步热情和参与积极性。

（二）秉承生本教育理念，实施分层教学策略

在小学阶段，学生的身体以及心理都处在飞速发展的状态，但是由于学生之间存在着明显的个体差异性，进而使得学生在身体素质能力、情感认知能力以及心智发育等方面都存在着一定的差异。而传统的小学体育教学往往过于重视教学的统一性，进而使得小学体育教师总是采取"一刀切"的教学模式，却忽视了学生的个体差异性，从而在很大程度上制约了学生体育综合素质的有效提升。因此，针对这一现象，我校体育教师秉承着生本教育理念，在课堂实践教学中有效实施分层教学策略，根据学生的实际情况将学生分成不同层次，并确定具有针对性的体育教学方案，从而做到尊重学生的个体差异性，真正实现因材施教的教育理念，促使每一位学生都能有效提升自身的体育综合素养。

（三）开展小组合作教学，锻炼学生综合素质

新课程改革的全面推进不仅有效推动着小学体育课程的创新与改革，而且也为小学体育教师的创新教学工作指明了方向。在小学体育新课程标准中，明确地提出了"学会约束和调整自己的行为，建立起对自我、群体、社会的责任感，学会尊重和关心他人，形成社会所必需的合作意识与竞争意识"的教育目的。所以，从进校以来，每个班的体育课都根据学生的能力进行培养，选出小组长，实现学生自主管理，自主学习，增强合作意识。通过小组合作学习，培养小组长的管理能力、小组合作的能力、学生观察的能力与主动意识，以及学生的听力动感能力，使每个小组成员都能进步，从而达到全体学生共同成长进步的目的，也由此体现我校"人人发展、个个出彩"的办学理念。严格遵循新课标所提出的教学要求，结合学生的实际情况和课程内容，为学生创设具有实践意义的小组合作活动，从而促使学生能够在小组合作的体育教学活动中，进一步提升自身的责任感以及心

理素质，加强学生的团队协作意识以及竞争意识，还可以促使学生形成积极向上的心态，进而促进学生的综合素质发展。

综上所述，和美课堂在基于新课程改革大力倡导素质教育的背景下，学生的主体地位逐渐受到前所未有的重视，而促进学生的全面发展也成为当下我国各学科学段教学的主要内容。因此，面对新课程改革，小学体育教师应当积极实现教育理念以及教学方法的创新与改革，进而能够充分认识到学生的主体地位，并以提高学生的身体素质以及心理素质为前提，摒弃传统僵化的课堂教学方法，进一步完善和优化课堂教学模式。从而秉承着生本教育理念，通过创设游戏教学情境、实施分层教学策略以及开展小组合作教学的方法，有效激发学生的运动兴趣，尊重学生的个体差异性，真正实现因材施教的教育方针，进而促进学生的综合素质发展。

三、语文学科：和谐发生，自然生成

美国教育家杜威先生曾说："给孩子一个什么样的教育，就意味着给孩子一个什么样的生活！"孩子的童年生活大部分都是在学校中度过的。作为小学语文教师，我们常常思考着这样一个问题：什么样的语文课堂样态才是理想的课堂？怎样的课堂才符合和美课堂的核心要义？

（一）和美语文课堂的核心要义

自统编教材推行以来，作为"国三科"的语文教学面对更大的压力和挑战，小学语文教科书知识体系的编排对教师解读教材能力、课堂实施能力、教育研究能力提出了更高的要求。要用好教材，使学生在语文课堂上生动活泼，真实自然，要求教师能够准确理解教科书编排的意图，精确把握教学目标，坚持一切教学活动以学生为中心，实现"备、教、学、评的一致性"。

因此，语文教学中应遵循三个相信："相信学生，相信教材，相信教参"。建立儿童立场，树立系统思维，有整体推进观念，以目标导向、文本解读、儿童真实的困难为立足点搭建支架，层层有效深入，让不同能力的孩子们都能学会、学懂。有效教学、课堂唤起，只有从教师的立场走向儿童的立场，真正了解儿童的特点和学习的起点，理解他们是如何思考的，方能选择他们喜欢的方式进行有

效教学。其中，尊重学生为首要，立足单元整体教学，整合教与学的需求，引导学生主动发展、更好地发展。语文组在行动研究中围绕两个聚焦，即聚焦单元整体，聚焦关注人人进行有效语文课堂的构建，以此打造有生长点、有生命力的语文课堂。

（二）和美语文课堂的教学示范

聚焦核心素养培养，必须引领和推动课程设计、课程实施和教学方案的变革。高效的课堂是语文教学研究的重点，也是新课程改革提出的要求。给学生一个怎样的课堂，让学生得到怎样的发展显得至关重要，和美课堂也不例外。和美课堂提出了共性的五步教学模式：1. 开课五分钟，充分唤醒；2. 关注人人，发现差异；3. 聚焦问题，任务驱动；4. 创新作业，积极语用；5. 升华立意，学科育人。教学模式的规范才能更好地选择教学方法、组织学习、安排师生双边活动的开展，有助于提高我们教师的理论水平和教学实践水平。按照教学模式设计教学环节，它可以直接面向和指导教学实践，具有可操作性，同时又是理论和实践之间的桥梁，在教学中具有重要意义。为青年教师指明方向，经验丰富的老师灵活运用，儿童立场在和美课堂中才能更好地体现。其实施的具体策略如下：

1. 开课五分钟，充分唤醒

用 5 分钟撬动 40 分钟，提高学生学习兴趣。那么，语文和美课堂的课堂唤醒有哪些策略呢？

（1）设置激趣、谈话引入。激发学生的学习兴趣，诱发他们参与本节课学习的欲望，形成阅读期待，为学好本节课的内容打下基础。

（2）设置图片、视频引入。这是一种利用教学挂图或者教师自制图片进行导入，借助多媒体吸引学生注意力。课文插图也是语文教学的有效资源，和美课堂充分利用好课文插图和多媒体教学手段，激发学生的求知欲，引入新课。中低段的孩子和写景类型的文章适用于这种方法，有利于学生受到美的熏陶。

（3）创设问题情境。这是一种很好的激趣引入法，情境创设适宜，既能将教学内容有机融入问题情境中，又能让学生产生求知欲和学习兴趣。让学生一开课就能带着问题很好地融入和美课堂教学中，针对本节课内容自主提问。为了聚焦课堂疑难问题，学生在预习时就该内容提出一些有价值的问题或者初读感悟，有助于老师在课堂上解决学生的困惑。

（4）围绕单元主题，瞻前顾后，谈话引入。统编教材以"双线组元"，每个单元围绕人文主题与语文要素编排。教学中抓住单元的双线主题，瞻前顾后，纵横勾连，创设情景，话题引入，既有利于开课唤起，也能帮助学生将之前学习的语文要素进行巩固。

以上是一些比较典型的唤醒方式，根据文本的特点，我们也可以采取更多丰富新颖的情境设置。

2. 关注人人，发现差异

在教学中，教学目标是一致的，但根据学生个体差异，提出不同的知识结构和能力要求，向学生进行多样化、不同层次的教学。教师不要只顾学习优秀的学生，冷落学困生，平等对待每一个学生。如何做到这一点呢？试以下两点策略为例：

（1）课堂预设策略。教师的教都是根据学情来定的，和美课程也是根据学生的学来设置教学目标的。例如：在生字教学时，中下水平的学生在理解每个字后，务必保证会写，考试拼音写汉字时能写出来并写正确。成绩优异的学生不仅要理解生字会写生字，还要把生字写得漂亮。与此同时，哪些字词的读音、写法可能是难点，哪些字词的理解可能是难点，都要从学生的角度进行预测。课堂上，教师要从学生的学情和教师的预测找到交叉点。

预测，考验的是教师对文本的解读和课堂的调控能力，它是建立在对儿童真正了解的基础上，读懂儿童，就读懂了教育。找准差异，设置不同的目标也就有了可能。

（2）鼓励学生试错策略。激励教育能够唤醒学生的学习兴趣，通过什么方式来激励学生的学习兴趣是教师教学过程中必须考虑的问题，教师在课堂中的评价也直接关系着学生心灵的成长，正确激励性的评价就像是和煦的春风温暖学生的心灵。鼓励学生在课堂上大胆说，不怕出错，不怕被人嘲笑，给学生建立宽松的学习环境，学生就会大胆起来发言。和美课堂中，老师鼓励每个学生有不同的理解和答案，并给予回答错误的孩子以鼓励，感谢他给其他学生带来了思考和思维的启发。所以，语文和美课堂强调的是立足儿童立场，关注人人，让学生思维活跃，敢于表达，乐于表达。

3. 聚焦问题，任务驱动

和美课堂的聚焦疑点，需要教师的灵活变通。

（1）聚焦单元主题，整体设计教学任务。语言文字的学习，出发点在"知"，而终点在"行"，从知到行，是学习必经的历程。语文要素不只是机械的学习方法的呈现，它既是知识、能力、方法，又是习惯、方法的综合运用。课堂中依据单元整体开展教学，关注单元内部、单元之间阅读与表达要素之间的有机关联，通过综合运用学过的方法呈现语文要素，进行要素的延展和提升，帮助学生实现能力进阶；综合运用学过的阅读与表达方法来完成单元学习任务；适时带领学生对学过的语文要素进行回溯，通过阶段性总结任务的实践，促成语文素养的整体发展。

（2）聚焦课后习题，柔化支架，保证要素落地。从课后习题中找到语文要素的落点，立足单元整体教学，依据单元中不同篇目的价值功能，确定本课的教学重点，一课一得，设计融合人文主题与语文要素的大任务，站在儿童的视角去转换思维，柔化知识；以目标导向、文本解读、儿童真实的困难为立足点搭建支架，层层递进、深入，让不同能力的孩子们都能学会、学懂。有序推进学生学习必备的语文知识，形成基本的语文能力，掌握常用的学习方法，养成适当的学习习惯。

4. 创新作业，积极语用

新课程改革要求减轻学生的课业负担，让学生在轻松愉快的氛围中获得知识，促使学生健康个性发展。学生课业负担的减轻关键在于将无意义的训练化作业转化为促进学生发展的学习化创新活动。作业超载、异化，窄化，成为"双减"政策的直接指向，需要作业理论的重塑与实践革新的回应。杨志平老师在"大作业观"中提到"大作业变革须回归'创造性的探究活动'"这一本义，以大视域、大取向、大设计、大实践与大评估来丰富与拓展内涵与功能，借由多主体协同互动、课程再设计、学习化课程的构建、学本评估来践行大作业观。针对以上的情况，我们的和美课程也进行了科学的并且具有创新性的作业设计，可以帮助和美少年很好地巩固所学的语文知识，加强对知识点的印象。科学合理地进行作业设计的创新，设置分层作业，使作业设计具有开放性、灵活性、实践性，加强语言文字的运用，让语文学习摆脱枯燥的刻板印象，成为一种充满情趣的审美过程，全面提升学生的语文素养。

5. 升华立意，学科育人

落实立德树人根本任务，最重要的还是充分发挥各学科的育人功能。语文学科具有丰富的育人价值，课堂最终应该导向生活，导向育人，走向人的持续发展。语文学科要发挥其"育人"的价值，回到文本的人文主题，挖掘教材的人文内涵，从关注知识的获得走向关注儿童生命的体验，通过学习语言来实现对文化的传承，让课本里的经典文章、文化精品，成为滋养每一个和美少年的阳光和雨露，帮助学生树立正确的价值取向，弘扬爱国主义情感，鉴别人性的美丑、善恶，积累人生的经验。

四、英语学科：回归本真，和美绽放

《新课标》指出："要改变英语课程实施过于强调接受学习，死记硬背，机械训练的现状，指导学生主动参与，乐于探索，勤于动手。培养学生搜集和处理信息的能力，获得新知识的能力，以及交流合作的能力。"这就对教师的教学提出了更高、更深的要求。教师要想方设法激发学生自觉学习的意识。

布诺姆说："学习的最好刺激，即是对所学教材的兴趣。"乌申斯基也说过："没有任何兴趣，被迫进行的学习会扼杀学生掌握知识的意愿，启发兴趣是最好的动力。"尤其是基础教学，小学生活泼好动，模仿能力强，好表现自己，但注意力往往不能较长时间集中，所以教师在教学中更要注意激发学生学习的兴趣，通过各种教学手段，引发他们的好奇心，激发主动学习的积极性，并让学生在心理愉悦的情况下获得学习的动力，更好地学习并运用知识。基于如何聚集英语学科素养，如何打造高效和美课堂，让学生对英语学习充满兴趣，快乐地学习，英语教研组主要做了以下几方面探索：

（一）让教材变"活"

新一轮基础教育课程改革用课程标准取代教学大纲，实际上就隐含着教师要"用"教材而非"教"教材。这不仅仅是换一个名称的问题，它表现着教育导向的重大转换，体现出以学生为本、尊重学生和谐发展的新课程理念。我认为新课程改革的实施，应该给予学生一定的自主权，使他们能够在一定范围内选择学习内容，而在这一过程中，教师应该始终本着科学的态度去探究，以创新的精神去引导。新课标强调培养学生自主学习的能力，要求教师"为学而教"，那么怎样才能让教材——这一教学过程中的重要媒介更好地为学生服务，同时使学生乐于学习教材中的知识呢？基础教育课标指出：教材只是对教学内容作了一些基本的、局面化的材料性规定。但是，无论是教师还是学生，都是活生生、有发展潜力的人，因此在具体的教学过程中，每一位教师都应该本着有利于学生知识体系的形成，有利于综合能力的养成等方面，用发展的眼光看待教材，及时吸取时代发展过程中有益于教育的各方面信息，完善教材，形成发展、完善的大教材观。

如 PEP 教材第六册教学 What's your favourite...? 一文时，我们将根据 2022 年北京冬奥运会的实际情况，尝试使学习内容与时事相结合，与学生一起学习。以调动学生学习的积极性和自主性为出发点，预先设计一张著名运动员的参赛名单，以小组为单位，一起预习、讨论参赛运动项目。从而为"What's your favourite sport ?"知识的引入、拓展而铺好基石。果然，学习效果在接下来的交流中流露出踊跃的参与以及激烈的竞争场面中。正是对教材的有效的处理，对学生身边知识的采用，使教学走向"活跃"。

教材是课堂的重要资源，是学生的一个独立的对话伙伴，它可以凭借符号信息向学生进行全方位的刺激，发出对学生心灵的呼唤。分析好教材、活化好教材、使用好教材对一个学生、对一位教师来说是一件具有双重意义的事情。教师要认真对待这个资源媒介，真正做到实效，发挥它应有的作用。

（二）让环境变"活"

课堂，是教学的基地，是学生获得知识的生命源。英语课堂不再是一块压板，插在哪里你就待在哪里。我们的课堂是一个能够充分活跃学生思维的课堂，能够玩得尽兴的课堂，能够予以知识体验的课堂。环境，是教学的基础，改变英语学习环境，是学者的期盼。

学生最感兴趣的体验莫过于新颖、乐趣，教师要倡导一种易于学生接受的课堂教学。英语是一门生活课，一门实践课。课堂视野更应宽阔，真正成为一个活动的场所，没有约束。在上课过程中，我始终坚持让学生动一动，说一说，玩一玩，在体验中达到学习目标，在娱乐中获得知识。让课堂成为我们身边的课堂，成为活动的课堂。

如PEP第二册教材教学"Do you like...?"一文时，我利用学生对知识的认识，进行了一次模拟购物活动，分设水果、文具、食品三个摊位，以钱物交换、语言交流的方式，开展兴趣盎然的愉快交易。学生在活动中不仅使语言得到很好的运用，而且真实感受了购物环境的气氛。学以致用，让环境"说"了话，让知识"说"了话。

学一门语言，不仅仅在课堂上，还应把它放回校园环境中，社会大环境中，真正起到学有所用。平时根据学生的爱好，开展一些英语兴趣课，把实践的机会运用于校园。我会召集学生围坐在草坪上，让他们自由交谈，自由编故事，自由唱歌。用生动的语言，用清新的空气，用优雅的环境感染学生。课余时，我还会带着学生去参观校外的美景，用英语交流彼此的感情，让学生体验大自然赋予我们的知识力量。

环境变"活"了，知识才会变"活"，学生才会真正感悟知识的魅力。

（三）让教法变"活"

课堂气氛的调节，主要依靠教师对教材教法的灵活运用。小学英语教学重其听、说能力的培养。教师应倡导学生在说中学，在玩中学，对教法的转变应根据学生的年龄特点、兴趣爱好，赋予不同程度的运用。如果一味重复相同的教学方法，学习就会变得枯燥。小学生对事物的认识需求新鲜，同一刺激物的反应时效不长。我们的教学服务对象是活生生的学生，不是机械，所以任何教学手段、教学媒介都应是活的。

小学生乐于表现自己，这是课堂活跃的因素。因此开展竞赛、游戏活动，能使学生最大限度地发挥自己的潜能。游戏教学方法强调了学生的主体性，要求学生共同参与，而不是教师唱独角戏，体现了教师主导与学生主体作用的发挥，同时又符合小学生的生理和心理特点。小学生活泼好动爱表演，很少害羞，乐于接受新奇、趣味性强的事物，教师的教法可以直接影响学生对学习的兴趣。利用游戏无意注意的特性，有利于学生形成正确的学习方法和良好的学习习惯，有利于化难为易，有利于减轻学生的负担，符合素质教育的要求。

综上所述，只有充分利用好课堂教学的主战场，优化课堂结构，创设真实的语言环境，充分发挥学生的主体作用，才能获取最大的教学效益，让学生"活"起来，让课堂"活"起来，让知识"活"起来。这样我们的教育才会越来越有生命力，我们的学生才会越来越有活力。实现高效和美课堂的目标！

五、数学学科：渗透数学思想，开启和美征程

自建校以来，我校就设立了"和而不同，尚真达美"的课程目标，在该目标的指导下，确定了"立德立人，志存高远；启智增慧，融通世界；各美其美，趣创未来"的育人指向。

在育人指标的纲领下，我校重在培养学生在树立强国梦想、养成以礼待人品质和寻求自切的学习方法上的"和"，与学生的兴趣特长、自我优秀品质和课程创造方面的"不同"，从而使学生达到德智体美劳的全面发展。

（一）课标促研促长

《义务教育数学课程标准（2011年版）》指出，数学课程内容要反映社会的需要、数学的特点，要符合学生的认知规律。不仅应包含数学的结果，也包含数学结果的形成过程和蕴含的思想方法。数学课程内容的选择要贴近学生的实际，有利于学生体验与理解、思考与探索。

这就对数学课程的教学实效提出了较高的要求，新时代的数学教学实效应当包含学生学了数学后的用数学解决问题的能力和用数学的语言表达自我及周围世界的能力。

（二）应用决定发展

学习知识就是为了更好地为生活服务，学了却不知有何用，不知更好地用，也就违背了学习的初心。不仅仅是我们的内心有如此诉求，随着时代的发展，对学有所用的要求也越来越高，放眼整个社会的发展，无一不体现知识的实用性。

数的产生本就源于社会生活实践的需要，从人类建立最基本的数学概念时期以来，古人从数数开始逐渐建立了自然数的概念，简单的计算方法，并运用它来

帮助我们生活计数的需要,而后发展到常量数学时期,以算数、几何、代数为主要分支,也成为我们中学时代数学学习的重要部分,再到后来的变量数学时期,产生于17世纪,其中就包括了两个决定性的重大步骤,如大学时代学习的解析几何和微积分。最后到如今持续发展的现代数学,大致是从19世纪初期开始,彼时的数学更加深奥抽象,却也是从数学所有的基础——代数、几何、分析产生深刻的变化。

数学的发展看似愈发复杂,但是环环紧扣基础认知,从简单技术到如今许多高科技事物的产生,无一不体现着数学的应用。

小学阶段的数学其实也不过是几千年前古人智慧的一隅罢了,在生活中学习,让学习变得简单又轻松;在学习中生活,让生活变得更方便快捷。让学习为生活服务,学而有用,不是喊喊口号,学有用的数学,让数学有用。尤其是迈入21世纪后,随着中国国力的提升和全球化融入程度的加深,高科技领域交流日益增多。在此背景下,学科语言逐渐走向全球化的舞台。而在众多学科语言中,数学语言无疑是学科语言的核心,不仅是自然科学领域交流的工具,也因自身概括、简洁、准确的特点,成为社会等于掌握了描述科学和生产实践活动中的实际问题的工具。这种工具性作用在全球化深入发展的今天主要表现在两个方面:一是科学研究方面,更加注重数学语言工具的解释性作用。很多社会性学科如经济学领域、管理学领域常常使用数学学科的方法思想与语言构建模型,以此描述社会性现象和问题,从而使复杂的情况变得简洁明了;二是日常生活领域,使用数学语言以体现语言的简约与内涵的丰富。比如我们听到的国家统计数据:2015年三季度我国GDP增长速度同比增长6.9%,环比增长1.8%,如果不理解数学语言"同比"与"环比"的意义,则不能理解数据背后所蕴含的经济现实情况,从而不能做出有效的判断和预测。可见,数学语言已经成为高科技领域和日常生活领域的交流用语。不会使用数学语言、不理解数学语言则不能在全球化高科技与现代生活领域进行对话。

我校自建校以来,就确定了"和而不同,尚真达美"的课程目标,在该课程目标下,树立了明确的育人指向,具体为:立德立人,志存高远;启智增慧,融通世界;各美其美,趣创未来。

在日常的教育教学工作中，数学组注重培养学生养成以礼待人品质和寻求自切的学习方法上的"和"，与学生的兴趣特长、自我优秀品质和课程创造方面的"不同"，经过四年的办学历程，已初见和美数学课堂的特色。教学实践中，更是注重学生的数学基本素养，会用数学思维思考世界，数学的眼光观察世界，数学的语言表达世界，数学的文字描绘世界。因此在小学数学教学中，课堂实践着重穿插两个方面的内容，用数学和"Hua"数学。

何为用数学？把学习中的数学融于生活，回到生活中寻找数学的身影，再把生活中的数学搬到我们的课堂、课后生活。

（三）用数学——实际运用

"用数学"的课堂实施主要从以下几个方面实现：

第一，激发学生发现数学的潜力，培养学生学习数学的兴趣，提高学习的信心。让学生顺利度过从幼儿园到小学学习的这段适应期，实现从玩——学——玩中学的转变；第二，培养儿童的观察力、表现力、创造力、应用力；第三，探索数学的实践性和趣味性。课程内容主要如下：

1. 第一阶段：在课堂学习中打下基础。

（1）从生活情景图探知数学话题——初步感受，激发兴趣

①用数学语言说图意：

数学问题随处可见，从基本的数数到试着让学生画一画、摆一摆、练一练，可进一步加深理解，体验操作的乐趣，从而激发学习的兴趣。

②用数学的眼光寻找生活中的数学：

说数学知识，观察举例说说生活中、自然界中的类似数学场景。通过说，学生就会意识到数学其实无处不在，只要注意寻找就能发现。我们生活中都在频繁地使用，如上课会有课程安排表，每天都会有大致的时间安排表，去超市会涉及数数、排队问题、称重问题、人民币等等。

（2）从情境中提炼数学，内化数学

对一个场景进行描述分析，找到其中蕴含的数学知识，生活情境解决问题，自编小场景解决问题。

2. 第二阶段：培养学生的数学眼光。

数学的眼光来自于数学思维，在课堂中，通过孩子们的动手实践做一做，语言表达说一说，加深孩子对数学知识的认知和强化，再有目的性地引导孩子带着数学知识融入生活，观察生活，把所见所闻所感记录下来，可以是和家人玩一玩，说一说（自己的理解），做一做小游戏（数学情境小游戏，起步阶段可同数学书一致，随着熟练程度的增加，可创造性地融入更多有趣的生活场景）。

3. 第三阶段：成果展现。

在具备了敏锐的数学眼光后，可以引导孩子自我创造数学场景，编写数学故事，制作生活数学情境小故事专题小报。

（四）"Hua"数学——实践深化

那什么又叫作"Hua"数学呢？就是用语言，去话书、题、树状图、数学故事，话不同见解，也包含了用图画"画"数学，用数学思维"化"数学，把握数学本质，抓住问题背后蕴含的数学原理。

具体如下：

"话书"指课后在家复述当日课本所学，录制成微视频在微信群分享的互生课程。旨在培养良好的复习习惯，巩固内化所学，训练数学思维，形成有序思考与探究的习惯。

"话题"对于一些重点题、易错题、思维拓展题，让学生说出自己的审题过程、思考过程、解答过程、回顾反思过程。包含"话根源""话概念""话思路""话变式""话陷阱""话推广""话反思"等方面。

"话树状图"主要就是旨在单元知识梳理，一年级主要是教师带领学生整理单元知识树状图，学生回家将本单元的知识整理说给家长听。二年级主要是教师引导、学生尝试自己整理知识树状图，说给家长听。三年级到六年级主要是放手让学生自己整理树状图，说给老师、同学、家长和自己听。在整理知识的过程中培养学生分类、整理、对比、分析知识的能力。画数学和话数学的过程中培养学生的数学表达能力。

"话亮点，异见"则是培养学生善于倾听，思考，欣赏，批判意识。让学生有数学的眼光，数学的思维。

"话数学故事"则是培养学生主动探索了解数学历史的兴趣。学数学，知数学历史，增强学生学习数学的热情。

实施路径：

（1）创建说数学的语言环境

教学不仅有"教"还要有"学"，在课堂中为学生设计口头表达的语言环境，创设数学表达的机会，让数学课更好玩，更贴近儿童的认知水平和心理发展规律。

（2）设计任务驱动的表达活动

教师结合教学内容设计明确的学习任务，设计明确的驱动任务活动，逐步鼓励学生主动参与表达。

（3）引导学生正确表达

鼓励学生把内在的思考以高质量地表达的形式呈现出来，以引导学生准确表达为前提，做到有"理"有"据"地表达。

随着时代的发展，学习不再是以会做题论江山，更加注重知识背景，知识延展，知识的应用，会学、会用、会反思很重要。

六、科学学科：来源于问题，从探究开始

小学科学是义务教育阶段一门培养学生科学素养的基础性、实践性、综合性课程。科学课程对培养学生的科学观念、科学思维、探究实践和科学态度等核心素养具有重要的价值，有利于促进学生全面可持续发展。《义务教育小学科学课程标准》倡导以探究式学习为主的多样化学习方式，促进学生主动探究，强调做中学和学中思，通过合作探究，逐步培养学生提出问题、分析问题和解决问题的能力。在科学教学中，和美教师以问题为主线，引导学生主动参与、动手动脑、积极体验，经历科学探究的过程，获取科学知识，逐步形成了问题——探究教学模式，并取得了较好的教学效果。

1. 创设情境，激发兴趣。兴趣是最好的老师，课堂伊始，教师可以借助图片、动画、视频及生活中遇到的具体事例引入，创设有价值、有趣的问题情境，激发学生的学习兴趣和探索欲望，充分调动学生学习的积极性和主动性。如在教学《水的蒸发》这一课时，教师在课前可以先用湿抹布在黑板上擦一擦，上课时提问：

黑板上的水去哪里了？水悄悄逃跑了吗？以此引入课题，开启这节课的科学探索之旅。

2. 发现问题，提出问题。学生是学习与发展的主体，在这一环节，教师要注重突出学生的主体地位，当好学生学习过程中的组织者、引导者和促进者，通过创设情境引起学生的认知冲突，引导学生去发现问题，并逐步引导学生提出有意义、有价值的科学问题。如在教学《昆虫》这一课时，教师上课时可以让学生先画一画大家熟悉的蚂蚁，通过对比观察不同学生画的蚂蚁，会发现蚂蚁的足不一样，有的画的三对，有的画的四对，蚂蚁到底有几对足呢？这样一个科学问题自然就被学生提出来了，并且他们还很想快点去观察，找到问题的答案，学习的积极性非常高。

3. 自主探究，合作学习。在这个环节，主要由学生分小组设计实验、展开探究并得出实验结论，学生通过亲历实验过程，亲身体验科学探究的挑战与乐趣，获得科学知识，解决科学问题，将是课堂上最大的成功与收获。在小组实验探究过程中，教师要适时给予指导，提供必要的实验材料，引导学生合理设计实验，给予他们充分探索的时间，让他们在实验过程中动手动脑，学会合作交流。

4. 联系实际，深化认识。科学来源于生活，同时又运用于生活。学生通过探索获得科学知识后，教师要引导学生联系实际生活，运用所学知识来解释、解决生活中遇到的问题，深化学生的认识。如在教学《液体的热胀冷缩》这一课时，学生通过实验探究知道了液体在一般情况下，受热体积会膨胀，受冷体积会收缩，具有热胀冷缩的性质，就能够解释烧水时如果水装得比较满，水还没有烧开就会溢出来。

5. 总结归纳，拓展延伸。课堂最后一个环节是对这节课所学的知识进行总结归纳，构建知识网络，并引导学生在原来问题的基础上进行再思考，拓展延伸。如学生在学了《液体的热胀冷缩》这一课后，可以引导学生思考固体、气体是否也具有热胀冷缩的性质，让他们将科学探究延伸到课外，同时也更加期待后面的学习探究。

科学探究是学生探索和了解自然、获得科学知识的重要方法，和美教师将以培养学生科学素养为宗旨，继续探索问题——探究教学模式。

七、美术学科：和在当下，美在生活

基于情境、源于问题、关注经验、强调探究在国家提出美术学科五大核心素养的大背景下，我们明确了美术教学的新方向——基于情境、源于问题、关注经验、强调探究，这与和美课堂理念不谋而合。和美课堂是尊重差异、寻求共识、人人发展的课堂。和美课堂教学真正从人的角度出发进行设计，着眼于学生持久的学习兴趣，终身的学习能力发展。

（一）紧扣理念，教学实践

研究过程中，每位老师都紧扣和美课堂理念，按照和美课堂适度留白、人人参与、注重倾听、寻求共识的教学原则进行教学设计，按五步模式进行教学实践，并开放自己的课堂，展示研究成果。学校国韵课程是在国家美术课程以及基于国家美术课程的校本课程之下结合学校实际所开展的学科延展课程，主要围绕中国画和线描画课程展开。

黄璟老师的线描社团，从学生实际需求出发，引导学生主动寻求笔画的变化方式，侧重于装饰性，它注重线条的条理性和疏密对比，是点、线、面的综合应用，是发展学生眼和手的训练方法，能培养学生的观察、思考、分析、想象、记忆、创造等多种综合能力。通过本社团的线描画学习，提高了学生美术学习的兴趣。通过学校桂语诗路"美术作品展示区"对我们各阶段的线描画作品进行展示，让学生体验到学习线描画的成功，培养了自信心。通过社团中研究活动的开展和实施，让学生体会到了美术学习的乐趣，并主动发挥了创新思维。通过线描课程的学习，学生学习美术的兴趣提高了，尤其学生在课堂上的学习积极性有了明显的提高。对美术线描画的兴趣也明显提高，主要表现为作业上交数量的增多、作业质量的提高、作业表现更认真了。

张萍老师的国画社团，在具体教学中，以国画的表现手法为主要研究对象，重在培养学生认识美、发现美、欣赏美、应用美的能力，学会用笔、用墨的方法，掌握简单的植物、动物、山水的画法。学校将中国画社团课程的服务对象分为低段、中段和高段学生，在课堂中先深入浅出地给我们讲明国画的特点，再让我们临摹进而创作，教给学生一些巧妙的绘画技巧，活动时一个项目一个项目地进行练习。

通过本社团的中国画学习，学生初步掌握了国画的描绘方式和绘画技能，消除了学生对于国画的畏惧感，使国画变得更容易亲近，更具趣味性。为后期更多的趣味国画社团活动的开展打下了良好的基础。

汪港桃老师的版画社团，手执画笔，勾勒方寸之景；雕刻纤毫，尽显凹凸有致。培养了学生发现美、创造美的能力；培养、引导、激发孩子的想象力与创造力，挖掘孩子内心深处的本质的认知、感受，让孩子画出属于自己的画；在符合儿童造型心理特征的基础上，用美术语言来表达自己的情感，在儿童生理与心理的成长过程中培养他们各方面的能力；通过学习版画去探索发现与生活中的痕迹之美，用版画的形式来表现物象，让孩子们领略版画的艺术魅力，提高审美情趣，成为一个有趣有爱的人。

（二）总结反思，提炼策略

几位教师在课堂中都做到了适度留白，鼓励每一位学生积极参与到核心素养视野下的活动中，大胆表达自己的看法，老师与学生一起认真倾听，让差异最大化地体现出来，老师归纳差异并引导学生一起寻求突破疑点、解决问题的方法，用不同的方式来完成同一个主题，这就是和而不同。学生在美术课堂中认识美术器像，理解美术背后的文化，结合自己的审美经验，去分析、判断，通过创意表现去创造新的视觉形象。美术课堂因此呈现出精彩而丰富的面貌。

老师们在日常培养中，就要求学生学会观察，观察时我们将重点放在了捕捉差异上。老师们通过精准的提问来聚焦疑点，根据学生回答，有效辨析，提炼归纳，寻求突破。倾听就是在课堂教学过程中有效地捕捉和利用每一个信息、每一种差异，从而不断创新、生成。

八、音乐学科：叩开心灵之窗，交融艺术之巅

音乐核心素养下的唱歌教学需要通过音乐教学活动的实施来践行学生的主体学习地位。鉴于本校和美课堂"人人发展、个个出彩"的教学理念，我们构建了人文与交流、艺术与欣赏等课程体系，在具体的音乐教学活动中，了解唱歌的多种音乐形式，调动学生的多种感官，引导学生体会歌曲内涵，正确把握歌唱学习情感的有效模式，通过拓展感官活动让歌唱课堂教学"动起来"，满足学生的个

性发展需求。

音乐组结合学生实际，立足唱歌教学的研究，通过不断挖掘教材内容的音乐知识和歌唱技巧，从而激发学生的学习潜能。综合考虑学生的音乐学习活动，通过合理的教学形式来发展并培养学生的音乐歌唱爱好。核心素养下的唱歌教学，需要教师在熟悉唱歌的多种音乐形式基础上，通过课堂教学的进一步演绎和诠释，去努力实践学生的歌唱学习指导。鉴于小学生的音乐学习主动性，在运用音乐教学活动表现唱歌的多种音乐形式时，要从音乐基础知识的掌握和良好的歌唱技能培养，以及即兴表演和创作能力的提升等多方面来加强学生的音乐歌唱学习。歌唱教学离不开学生的听觉感官调动，音乐核心素养下的唱歌教学是一项积极活跃的实践教学内容。教师要通过调动学生的多种感官参与，并在与学生的实际学习生活相结合的前提条件下，进一步提升学生的音乐学习品质。有效建构歌唱与生活的实际联系的同时，要通过趣味性的唱歌教学实践活动，从而刺激学生的多种感官，如何让音乐课堂动起来，使学生对音乐知识产生一定的情感成了我们研究的重中之重。

通过研究，我们明确了方向：1.让学生动脑动口做好导入课。比如动口谈经历、动脑猜谜语等导入新课激发学生的学习兴趣。2.动口学习歌曲的简谱歌词。通过对作品整体形象的感受，感知并辨别歌曲的旋律，在掌握乐谱后采取同伴合作、小组合作等方法学唱歌曲。3.动身体理解音乐作品。引导学生静静聆听范唱，利用听觉去理解和感受音乐。在学习一些叙事歌曲、进行曲时，让学生演一演、动一动，让他们在身体律动中体会理解歌曲。在教学歌曲《郊游》时，让学生跟着歌曲的节奏挺胸抬头边踏步边唱，让学生在身体的律动中体会去郊游时开心喜悦的心情。通过本学年的研究，音乐组的每位老师都对在音乐课堂"动"起来的实施中有了很显著的成效，也对如何上好歌唱课有了更准确、更全面的理解和认识。

在校本研究的基础上，本校教师袁建华在渝北区音乐教研活动中推出了两节研究课，一节是《我是小音乐家》，一节是《乒乓变奏曲》，两节课都展示了学生在音乐教学中"动"起来的研究成果。在歌曲教学中巧妙地引导学生多动动，以动带动学生的想象力和思维，发挥音乐教育的特殊功能，培养学生对音乐的兴趣，提高音乐文化修养，丰富情感体验。

音乐教育是充满生机、多姿多彩的审美教育课程。在歌唱教学中，教师要真正投入到教学中，不断学习、探索，冲破陈旧的教学模式，不断创新才能使每个孩子从歌唱中得到快乐，从歌声中得到发展，真正地快乐歌唱！

九、信技学科：任务驱动，实践和美

小学信息技术学科实用性、操作性都比较强，学生分课时学习能顺利完成课时任务，但学生因课时原因不能较好地将前后内容及时联系，缺乏统一性、整体性思考。故参考语文大单元教学模式，思考将四年级下册编程单元的知识点有机融合，整体设计项目学习，将零碎、分散、孤立的知识点整合到一个项目中，使之成为具有系统性、联系性的有机整体。整体组织教学内容，设计学习方式，有机整合时间资源，有利于学生建构合理认知，形成编程系统思维，从而发挥运用知识解决生活实际问题的作用，促进学生对知识的内化与迁移。

项目式学习作为一种教学模式，从活动程序来看，突出了有序性和可操作性。项目式学习"以项目为主线，教师为主导，学生为主体"，学习的重点不是学习结果，而是完成项目的过程，注重学生从问题发现到问题解决的实践参与。现以四年级下册编程单元做项目式学习模式研究成果分享。

1. 确定项目

基于整个单元教学内容的考虑，同时为了激发学生的思考和探究兴趣，设定项目为——《古堡探秘》。教师利用信息技术手段引入项目情景，引发学生思考，唤醒自身实际生活经历。后期实践中教师还可将教材场景生活化，更能引起学生共鸣和思考，也再次明确编程的目的——解决生活中的实际问题。

2. 明确任务

教师进一步明确项目活动的具体要求以及成果展现形式，引导学生通过工具归纳整理思路，形成思维导图。尝试将项目以思维导图的形式呈现，以此作为制订项目计划的依据。同时分析项目需求，最终确立古堡探秘的六大技能。学生通过粗读教材，寻找关键词的方式，明确六大技能在教材中的位置。为明确学生的寻找情况，学生以记录单的形式记录下来并在小组内进行比对、研讨，确定六大技能的位置。同时为确保后期项目的有效推进，教师根据组内完成情况，挑选出本次项目小组负责人。

3. 任务分工

在教师的引领下，各小组明确了本次项目需要的技能。为充分调动学生的积极性，充分利用小组学习的优势，在小组长的带领下将六大技能以自主选择或组长分配的方式落实到每一位组员。教师预设每一个技能学习的前置性，提前做好准备，为技能学习做好单独的学习前置。

4. 活动探究

学生以自己的任务为载体，在教材中寻找对应板块学习。教师根据项目特点提供学生项目完成可能需要的学习资源，并及时根据学生项目进度反馈提供个性化辅助资源。资源的形式可以是微课、文本、课件等。学生结合自身项目的特点选择学习课程资源内容，也可以充分利用互联网资源学习项目所需知识。

5. 成果展示

教师组织第一阶段项目式学习汇报展示，在学生汇报过程中综合点评，明确评价规则。信息技术项目式学习成果的特点也给成果展示提供了更加灵活、丰富的展现形式。初次展示以各个技能为单位，不以小组形式。各小组可以根据其他组的成果进行评价，并从其他的展示中取长补短，进一步完善自己的技能。其他学生再观看非自己学习技能时也能进行初步学习，触类旁通，为后一阶段的相互交流打下基础。

第二次展示以小组为单位进行项目整体展示，过程中小组需要有成员来记录其他小组提出的意见及评价，需要有演示员、讲解员等角色的分工。然后通过再次优化完善程序，进行展示。方式可以是PPT讲解、视频演示、实际体验等。通过不同方式收集更多建议，这样再次进行优化调整。

6. 总结评价

整个项目通过任务分工的形式突出学生独立思考解决问题的能力，通过小组展演的形式确保学校组内合作能力的提升，通过不断展示优化，让学生较为完整地经历一个产品的提出到成形的过程。过程中不断对项目优化测试，正是对学生优化提升意识的培养。最后教师利用信息技术手段为学生提供多维度的评价工具，指导学生完成自我评价、小组互评与小组自评。学生以个人、小组相结合的形式进行评价。

本次探究将四年级下册信息技术编程单元整合为一个项目——《古堡探秘》，充分利用学生已有认知并结合信息技术课程特点进行选题和研究。过程中始终坚持以学生自主分工学习为主要手段，教师提供学习资源为辅助的方式开展。项目中，对学生项目式学习成效的评价具有多元性。评价方式多样，主体包括学生互评、教师评价和学生自评。评价具体内容包括：项目规划上，评价其合理、完整性，是否有明确、合理的分工。学生能自主分析实际问题需求，灵活应用信息技术教材中的技能对项目进行处理和分析，从中发现方法、得出结论，提升其分析、解决问题的能力。

第五章 培养和美教师
——儒雅善导，和衷共济

第一节 和美理念引领教师专业化发展

一、学校发展的基石——教师专业化发展

教师是立教之本，兴教之源。随着"双减"和"五项管理"政策的落地，新课程改革的实施，教师专业发展是素质教育深入推进的必然要求，也是教师适应教育发展、教育改革的自我需求。教师专业发展的过程是教师不断理解教育内涵、研究授课策略、提炼学科知识与技术、担负教育责任、完成教育使命的社会化过程。教师的专业程度和发展水平，也将直接决定教育授课质量和学校办学水平，是提升教育质量的核心。因此，培养一支思想素质高、教学业务精、科研能力强的适应现代教育发展的教师队伍，是教育改革和学校发展的根本大计。

党的十九大明确指出，要深入贯彻落实《中共中央国务院关于全面深化新时代教师队伍建设改革的意见》和《中共中央国务院关于深化教育教学改革全面提高义务教育质量的意见》精神，全面建设高素质专业化创新型教师队伍，落实立德树人根本任务，助力我校教育教学高质量发展。《重庆市教育事业发展"十四五"规划（2021-2025）》，开启了加快推进教育现代化、建设教育强市、办好人民满意教育的历史征程。重庆市渝北区空港新城人和街小学创办于2017年，是一所与重庆市渝中区人和街小学合作的公办小学，作为渝北区重点打造的优质教育

示范校，教师队伍的建设和发展显得尤为重要，对教师的职业道德修养、教育科研能力、终身发展意识等方面提出了更高的要求。通过对我校教师学科发展情况 SWOT 分析发现，40% 的老师在工作上积极主动、敢于创新；50% 的老师在压力驱使的情况下动力十足；10% 的老师原地踏步、不愿发展。面对这样的情况，我们认识到仅仅依靠制度约束、硬件改善、示范引领、理念创新等手段已经无法推动新时代教师的发展。学校要发展，老师是关键，学校应当以心灵的洗礼、文化的渗透唤醒老师不断学习与成长，让他们在专业发展中真正感受自己的价值，从而获得满满的职业幸福感。

（一）特色文化引领教师专业化发展

"和"是我国古代哲学思想中最重要的概念之一，指不同事物对立统一而达到的平衡协调状态。自办学以来，学校一直秉承人和街小学教育集团的"和"文化，结合区域实际，创生"和美"文化，以"让生命在和美中绽放"为办学理念，践行"人和尚进，和谐臻美"的校训，展现"各美其美，和美与共"的校园风貌，学校推进教育改革，办学传承中有创新，构建科学完善的校园文化体系，建设品质优良的高水平学校，走一条可持续发展特色办学之路。

学校以教师为本，形成了"儒雅善导，和衷共济"的教师文化。遵循"以人为本"的原则，和美教师齐心协力，和衷共济，教育学生积极向上，崇尚美好，合作创新，和合共生，唤起每一个生命的自觉，激发每一个生命潜能的发展，达成全面和谐育人的目的，以此实现学校"众筹人和教育，共享精彩人生"的教育理想。

1. 课程文化，构建学科整合桥梁。学校立足课程改革，构建"双基+三拓展"的和美课程，课程设置面向全体学生，以一切可运用的元素为课程资源，打开课堂学习的边界，构建学科整合的桥梁。绚丽多彩、多样多元的课程激发了每一个生命潜能的发展，唤起每一个生命内心的动力，和美少年呈现出"胸有志、学有品、身有行、魂有趣"的样态，极好地诠释着学校人人发展、个个出彩的办学理念。

2. 精神文化，教师发展价值追求。精神文化是凝聚人心的支撑性力量。学校在引领教师专业发展的过程中，注重通过文化建设凝聚全校教师的共识，增强教师的职业认同感。首先，在全校广泛收集老师、家长、学生的意见，然后经过讨论，明确了教师的专业发展目标。通过文化凝心，教师的职业认同度和幸福感有了明显提升，培育出了"儒雅善导，和衷共济"的教师文化，教师群体形成了自我提升和专业发展的自觉。

3. 团队文化，教师发展共同体多元化。教师专业发展不仅依靠个人的努力，更离不开团队的支持。学校根据学科教师的特点，组建了不同类型的教师专业发展共同体，给不同层次的教师搭建起共同发展的平台，通过一次次的研究、质疑、交流、反馈、协作，在学习共同体中学习别人的长处，弥补自己的不足，帮助教师在团队发展中实现个人发展。

（二）基于学校特色建设的教师专业化发展策略

1. 团队建设，为教师专业化发展奠定基础。

教师是学校发展的第一资源，自建校以来，我校从高校、区外、市外、区内吸收了一大批优秀教师，其中，研究生以上学历教师9人，本科学历教师58人、专科学历教师3人；高级教师5人，一级教师32人，二级教师31人；学科教师专业素养高，教育科研能力强，我校教师任渝北区中心组成员8人，辐射引领渝北小学各学科教学研究工作，初步形成一支专业技术过硬的师资队伍。并组建了校长谌清淑直接领导，郑治副校长分管工作，形成从上至下管理一体化，学科组、课题组、课程中心三位一体的网络化工作组织体系。在团队的引领下，近年来，60余名教师在省、市级刊物上公开发表文章70余篇；60余名教师共计100多篇论文获得区、市级奖励。学校组织教师参加各级各类赛课，40名教师获得区级以上赛课活动一等奖、二等奖50余次；由学校教师主持负责、参与研究的市级、区级教科研项目20余项。学校申报市级课题3项，区级课题3项。

2. 专题研究，为教师专业化发展提供保障。

我校一直以来注重聚焦教育热点，深入推进课程改革的行动研究，以校本教研作为推动教师专业成长的主动力，力求通过形式多样的校本教研活动，不断提高教师的教育教学及科研能力，从而落实立德树人根本任务，促进学生全面立体发展。学校形成了"科研管理一体化、科研队伍层次化、科研活动日常化、教育科研专题化、科研成果多样化"的教科研特色，助推学校高质量教育体系构建。

语文组围绕"基于单元整体教学的三次备课"行动研究，数学组围绕"和悦课程之话数学"实践研究、英语组围绕"基于学科育人的English show"言语实践研究、体育组的"四位一体，以体育人的课程改革"实践研究。

3. 任务驱动，为教师专业化发展提炼升华。

首先，以自我反思为依托，加强教师的理论培训。我校注重教师的自我反思，包括课程实施前的反思，课程实施中的反思，课程实施后的反思，这就要求教师要有较高的理论认识水平，对自己的课程有较高的理论分析，这就促使教师积极参加学校组织、组内组织的校本培训，同时自己积极学习有关理论。其次，以同伴互助为载体，提高教师的校本教研实践能力。通过集体备课、听课、评课、议课等活动，使教师在自我反思的同时，开放自己，形成相互交流经验、相互切磋心得的研究团队。在同伴的互动中共同分享经验，互相学习，彼此支持，共同成长，从而达到提高教师的校本教研实践能力的目的。最后，以专业引领为契机，提升教师校本理论研究与校本实践教学相结合的水平。

校外借助国家级、市级、区级力量和人和街教育集团的专业引领。我们的教师中有部分区级骨干教师都具有较为丰富的校本教学实践经历，许多年轻研究生教师也都具有一定的校本教研理论水平。但在如何将校本教研理论较好地运用于校本教学实践，需要成熟型教师和新教师相互融合的同时，更需要专业的引领，力图在校本教学实践中概括出自己的校本教研理论。

（三）校长对于教师专业化发展的意义

1. 校长为教师专业化发展的领导者

一名好校长就是一所好学校，校长是学校的灵魂，是师生的榜样，也是师生信赖的朋友。领导即引领，首先要在方向上引领，确定办学理念、人才培养目标；其次要规范性引领，制定人性化管理制度，并在实施过程中不断改进；还要进行示范性引领，跟随时代的进步，不断学习新的办学理念，通过课程资源的开发、利用，带动老师不断进步、不断成长。

2. 校长为教师专业化发展的规划者

作为校长，首先要认识到教师在学校发展中的重要性，制定学校中长期发展规划，明确教师发展目标，为教师搭建平台，引领教师成长；其次，引领教师做好发展规划，通过自我剖析，发现自己的亮点，找到自己的不足，促进自我成长和发展；最后，校长要有创新意识，针对学校的需求，提前规划后期发展方向、路径、策略及预期效果。

3. 校长为教师专业化发展的组织者

为了使教师朝着专业化方向发展，校长根据规划做好专业化发展的组织及实施，为教师成长赋能。一直以来，我校以"让生命在和美中绽放"为办学理念，针对不同学生的不同特长，组织分管领导对各自负责的板块采取不同的方式进行评价。教导处通过和美嘉年华、和美论坛及期末学业质量分析专题会，检验孩子的综合学习情况；德育处通过组织和美体艺节、研学活动、趣味运动会等，让广大教师积极参与，努力向学习型教师、反思型教师、专家型教师发展。除此之外，校长每学期组织家长委员会召开专题会议，收集家长、学生的意见，便于学校不断改进，做得更好。

4. 校长为教师专业化发展的管理者

校长的管理能力直接影响到教师的专业化发展，在管理过程中充分发挥教师的主观能动性，让教师在学校幸福生活、愉快工作。首先，根据我校教师及学校的实际情况，制定人性化的管理制度，加强师资队伍建设的领导与管理；其次，加大对教师的政治学习，提高教师的师德修养，提升学校的整体素质；最后，校长在管理时做到了公平、公正，随时鼓励、鞭策教师进步、成长，给教师提供动力。

5. 校长为教师专业化发展的服务者

要提高教师专业化水平，校长要为教师提供必要的物质和精神帮助，做好服务工作。及时了解教师的工作需求，为教师的专业化发展提供学习的机会，结合上级部门的文件精神，采用"走出去，请进来"的方式，借助优质教育资源，及时给教师充电；鼓励教师积极参与各学科工作室，主动研修，抱团学习、取暖发展，促进教师专业化发展。同时，校长还时刻关心教师的生活问题，通过沟通、交流，帮助老师解决后顾之忧。

二、和美管理成效观教师成长

管理具有三重价值：一是发挥职工的价值，二是激发职工的潜力，三是激发团队的潜力。教师是学校教育教学活动的参与主体,教师的专业成长,在一定程度上影响着学校的教育教学质量。但是,受到个体差异的影响,不同的教师存在着不同的个体差异。这就需要学校在教育教学活动中,尊重教师的差异,立足教师的发展,给予有针对性的指导,并给予赏识,让教师专业水平得到不断提升。

首先,学校管理者走近教师、了解教师。影响教师专业成长的因素是多种多样的。其中家庭原因我们不容忽视,有的教师家庭负担过重,影响其专业成长。对此,学校行政和工会及时组织"呵护教师"行动,当了解到教师遇到的困难,学校会提供力所能及的帮助,让教师感受到集体的关怀和温暖,真诚为教师解决后顾之忧,使其能安心工作。

其次,学校管理者尊重教师、理解教师。尊重教师,即用平等的态度对待教师,用朋友的身份与老师交往。领导不居高临下,关心教职工的生活和工作。面对复杂和艰巨的教育教学任务,给予教师更多的理解,拉近管理者与教师的距离,用爱心、关心、真心和诚心营造了一个有序、和谐的教职工群体。

最后,学校管理者鼓励教师、助力教师。尺有所短、寸有所长。人无完人,教师也一样各有所长,各有优缺。学校管理者为了促进教师专业成长,切实提高教师教学水平,促进和美团队更快更好地发展,学校关注教师的各种需求,组织参与各种学习和培训,借助各种锻炼的机会和平台,帮助教师实现自身价值。

"和美"文化的建设促进教师专业发展,在学校管理者的带领下,"和美"教师专业水平得以大幅度提升,整个"和美"团队蓬勃发展,并培养出一批优秀教师。

重庆市骨干校长谌清淑,高级教师。从教28年来,曾被评为渝北区骨干教师,渝北区优秀教师,渝北区德才兼备校长,渝北区未来教育家培养对象,教育部领航工程肖方明名校长工作室研修学员,2021年成立重庆市谌清淑名校长工作室。先后获得国家级赛课一等奖,重庆市教师基本功大赛一等奖,区级赛课一等奖,指导20余名教师参加国家级、市区级比赛,获国家级一等奖1人次,市区级一等奖以上6人次。申报国家级、市区级课题20余项,其中主研国家级课题4项,主持市区级课题6项,主研市区级课题12项。撰写科研论文先后在《中国教师》《中小学教育》《教学与科研》《人和教育》《中国教育学刊》等多家教育核心刊物上发表 10 余篇，科研成果获奖 10 次，论文奖国家级、市区级奖励 20 余篇。

重庆市特级教师郑治，高级教师，全国教育科研优秀教师，渝北名师，渝北区教材审定委员会委员、渝北区教育系统培训库专家组成员、渝北区小学语文中心组成员，曾被评为渝北区优秀教师、渝北区教育系统优秀女教师。教育，是向美而生的。她躬耕语文教学二十余年，践行"见天地人事，怀生命自觉"的教育理念，参与课程改革、教育研究，曾获重庆市班队课竞赛一等奖、品德课竞赛一等奖，重庆市小学语文竞赛、社会与生活竞赛二等奖；区级班主任基本功竞赛一等奖、区级语文赛课一等奖；指导多名教师参加各级各类竞赛，获国家级语文竞赛一等奖 2 人次，获重庆市小学语文竞赛一等奖 2 人次；主持与主研重庆市教育规划重点课题多项，撰写论文多次获市区级奖励，多次获重庆市教学科研成果、渝北区教育科研成果奖。作为《今日教育》特约供稿人，指导学生习作以及课外阅读指导专版发表于《作文大本营》上；担任《小学生晨读经典》编委；撰写的案例《水浒群英谱》选入《小学语文综合性学习设计》一书出版；发表《基于语用背景下的教材深度挖掘研究》《批注式阅读教学的思考》等多篇文章。作为渝北区教育系统专家库成员，她多次担任培训专家，进行班主任、语文教学等培训交流，多次参与区级期末调研测试命题工作。

语文市级骨干教师田彬，高级教师，先后被评为渝北区优秀教师、渝北区教育系统优秀共产党员。"一师一优课"部优、渝北区小学语文优质课大赛二等奖。指导多名教师参加各级各类竞赛，获重庆市小学书法竞赛一等奖 1 人次，获区多学科一等奖 2 人次；主持与主研渝北区教育规划重点课题多项，撰写论文多次获市区级奖励，多次获渝北区教学科研成果、渝北区教育科研成果奖。多次参与区级期末调研测试命题工作。曾获得渝北区政府优秀教学成果奖，先后获得区级一、二、三等奖并发表。

英语市级骨干教师王业，高级教师，先后被评为渝北区优秀教师、渝北区教育系统优秀女教师。所执教课例曾获得中西部 16 省"国培计划"优秀课例，并在中央电视台教育频道及中国教师研修网上展播。曾获得全国中小学创新课堂教学实践活动课例观摩二等奖，重庆市小学英语优质课大赛一等奖，"一师一优课"市级特等奖、一等奖，渝北区小学英语优质课大赛一等奖。曾获得渝北区政府优秀教学成果奖，主研多个市、区级课题，撰写多篇论文及教学设计，先后获得市、区级一、二、三等奖并发表。

数学市级骨干教师黄巧利，一级教师。她先后被潼南区教育委员会聘请为潼南区"国培计划"送教下乡培训项目小学数学组专家、潼南区教师资格证面试考官；评为区级小学教育学科数学先进个人、"乡约名师"送教活动先进个人、遴选为潼南区小学数学名师工作室成员；多次参加区小学数学优质课竞赛，均获得一等奖，说课比赛荣获二等奖；撰写多篇教育教学论文，主研区级课题《农村小学生行为习惯现状调查研究》，参与并主持数学学科新选题《黄冈小状元练重点》稿件内容的编写及创作；指导青年教师参加重庆市小学数学优质课竞赛荣获二等奖，潼南区小学数学优质课竞赛一等奖，指导学校科技社团获潼南区青少年科技创新大赛科技实践活动一等奖，指导学生参加朗诵比赛荣获区二等奖。

数学市级骨干教师杨红梅，一级教师，先后被评为巫溪县优秀德育工作者、巫溪县优秀教师、巫溪县骨干教师、巫溪县先进学科教师、重庆市骨干教师。先后担任了国家级课题研究成员和县级课题主研人员；指导教师参加市级赛课和县级说课、赛课获一等奖1人次，二等奖4人次；撰写论文20余篇，其中发表3篇，均获得国家级、市级、区县级一、二等奖。

语文区级骨干教师陈盼，一级教师。先后被评为区级优秀教师，先后担任了市级课题主研人员和区级课题主研人员，撰写并发表了多篇论文，曾荣获2017年小学语文青年教师优质课大赛一等奖；区级法治教育优质课竞赛小学组二等奖；重庆市"红领巾之声"优质少先队活动课说课大赛市级一等奖；参与的课题《"和德树人"课程建设与实施策略研究》获区第十届优秀教育科研成果三等奖；《当疫情来临时》荣获"首届"新技术新媒体应用微课大赛二等奖，指导多名教师参与区级赛课获奖，并获指导奖，还指导学生参加区级"新时代好少年"，荣获优秀指导奖。

语文区级骨干教师周晓丽，一级教师。曾获重庆市科学赛课一等奖；垫江县消防安全赛课一等奖；重庆市班主任基本功大赛二等奖。曾被评为垫江县优秀教师、禁毒教育先进教师、教育信息宣传先进个人。多次指导青年教师参加县级、校级赛课和示范课，获得县级一等奖。参加了"垫江县121学导式卓越课堂小学语文学科导学案"的编写；撰写的多篇论文获市、县级等级奖。

  数学区级骨干教师黄莉，一级教师。曾被评为巫溪县优秀党员、骨干教师、优秀教师、先进学科个人。先后参加市级重点课题主研、县级课题主持，撰写论文20余篇，获市级、县级一等奖及二等奖，并在核心刊物及《人和教育》等杂志上发表。曾多次被巫溪县教育委员会聘请为"送教下乡"献课教师，2018年聘为重庆市第二师范学院师范生实践教学指导教师，并指导教师参与各种赛课活动，取得较好成绩。个人参加巫溪县录像课评比大赛荣获一等奖，班主任基本功大赛获单项一等奖、综合二等奖，参加"一师一优课"获市级二等奖，参加重庆市第九届小学数学优质课赛课获二等奖。

  数学区级骨干教师杨文芬，高级教师。近十年来，先后多次被评为学校优秀教师，街道优秀教师，优秀党务工作者。先后承担市级研究课题和区级研究课题两项；论文撰写获得区级科研成果一等奖3篇，二等奖5篇；先后在核心刊物发表论文5篇；先后指导青年教师参加科技比赛获市级一等奖3次。

  学校主张教师研究中既寻求学理支撑，又注重实践并重。学校鼓励教师将课题研究做小、做实、做透，找到自己教育教学中症结所在，将问题转化为课题，开展三次备课行动研究。教师由于重视了课题研究，逐渐改变教学观念，改变以往的教学方法，力求处处体现"以学生为本"的教学理念，努力实施和谐教学，促进学生身心健康发展，使课题研究得以在课堂中真正实施。

  除此之外，学校扎实推进教科研工作，校本教研取得优秀成绩，多次承担区级教研现场，提供现场课例研究，分享研究经验；与兄弟学校开展校际交流，帮助其良好发展；指导昌都类乌齐县教师团队，促进汉藏友谊，提升藏区教学研究质量。强有力的研究为教师与学生成长提供了良好平台，我校教师多次在市级、区级各级各类竞赛中荣获奖励；学业质量水平位于全区前列，学生参与国家级、市区级竞赛频频获奖。

  科学有效的学校管理策略，能点燃教师心中教育理想的火把，将沉睡于教师心中的力量唤醒，让这种教育理想逐渐转化为行为的力量，使教师获得尊严、更加自信，使教育教学工作更加充满活力、更加富有特色。

第二节 校本培训支撑教师专业化发展

一、教师专业化发展的目标

新课程教学的基本理念，凸显了"以人为本"的价值观。学校以"新课程"理念为指导，围绕"让生命在和美中绽放"这一办学理念，以全面提高教师队伍的整体素质为核心，以骨干教师队伍建设为重点，不断拓宽教师队伍建设思路，优化教师教育改革模式。

1. 打造一支数量充足、结构合理、业务较强、素质较高的骨干教师团队。

2. 用自培与集体培训等形式，营造出适合教师专业发展的学习与成长的氛围和环境。

3. 以新课程理念为指导，加强学科拓展研究，鼓励教师参与开发校本课程，参与和美课堂研究。

4. 进一步开展教学精细化研究，通过专题研讨，提出更适合我校教师个人和学校发展的课改工作设想。

5. 加强青年教师的培养和带教工作，使他们在职业道德、教育理念、工作方法、研究能力等方面取得长足进步。

6. 举办多种形式的教学展示和技能评比活动，搭建舞台让教师来汇报交流自己的成长过程和培训成果。

二、教师专业化发展的任务

1. 加强师德修养建设。开展学习先进师德标兵与弘扬身边的典型事例相结合，使教师学有榜样，形成学先进、赶先进的良好氛围。

2. 理论学习。组织教师开展校本教研，提供外出培训学习机会，鼓励教师参与学科小课题研究，定期指导各课题项目组开展如何选题、设计研究方案、开展调查研究与行动研究等课题研究方面的培训活动。

3. 开展教育教学培训。参与各个层面的专题研讨，抓好教师培训，重在研究教学，完善校本课程；学校领导每月两次深入各教研组指导研修活动；各教研组、备课组根据学校现阶段校本研修的主题、目标、整体要求并结合本学科教学实际，有主题、有计划地开展教学研修活动。

4. 教师专业展示。开展教师基本技能大练兵；开展青年教师教学评比、展示活动。

三、教师专业化发展的基本原则

（一）教师自我发展要求与学校教育教学需求相结合的原则

根据学校发展需要，以教师专业化发展为导向，开展校本研修，积极促进教师专业化发展。

（二）教师的专业理论与实践知识共同发展的原则

以课堂为载体，深入教学第一线，深入研究课堂，对老师们在实际工作中遇到的问题或困惑给予帮助。

（三）以教师教育专业化为核心与统筹教师专业化相结合的原则

通过各种教育体验，产生先进教育理念，不断将教学专业知识转化为教学专业能力，将教学专业理论升华为教学专业技能。

（四）针对性和实效性相统一的原则

教师制定三年发展目标，分类指导，分步实施，分段推进。

（五）以校本研训为主与统一培训相结合的原则

根据教师需求，结合学校实际，开展各类校本研修，鼓励老师们参加教育部门组织的各类培训。

四、教师专业化发展的校本培训机制

（一）构建稳固的3+3+3研修提升体系

1. 校外培训3级指导。充分借助市、区级教研员力量和集团校团队搭建培训平台，通过集团导师＋学科教师的研修导师团队，每期开展和区级友好学校、人和街小学教育集团全学科的深度教学研讨活动，及时学习政策引领，获取优秀的教研教学资源，实行多维培训、全员培训、全面培训。

2. 校内培训3个共同体。学校组建以1+6+N的高效研修团队，即特级教师（学科名师）＋学科骨干＋学科教师的常态化研修共同体，坚持学科带头人理论引导，学科组集体教研，学科教师深度卷入，达到人人提升。

3. 激励成长3路径。青蓝结对＋分层研训＋辐射成果，即开展青蓝结对帮扶活动，每年为学校的新教师及三年以内的青年教师拜一位师父，开展帮扶结对专题培训；实施"走出去，请进来"战略，即分层分批派出学校教师到全国各地听课、参与各类学术交流活动；每年举行有一定规模的研究活动，例如"学校课程研发讨论会""校际联动教研"等。通过三个路径为教师搭建校本研修平台，大力宣传与推广学校教科研成果，促使教师找准适切道路，主动研修实现专业提升。

（二）夯实教师培训，提升专业素养

1. 开展全员培训，做到人人发展、个个出彩。开学初以年级组为单位组织教师学习新课程标准、阅读教师用书、根据教材内容拟定教学计划；学期中进行专业理论培训，学习现代教育教学新理念、解锁新技能，每期一次大单元备课、评课议课、教育叙事培训，开展基本技能培训，如普通话培训、计算机培训、三笔字比赛、演讲比赛、课件制作比赛；每年开展课堂技能培训，以课堂为阵地，举行学科组研究课例比赛、青年教师合格课竞赛、成熟老师优质课竞赛，形成期期有成果、人人出作品的良好研究氛围，促进教师形成技能型发展、实践型发展、评价型发展、研究型发展等多元发展态势。利用假期的空闲时间加强自主学习，学习现代教育教学理论、观看优秀课例、聆听专家讲座等提升自己的专业水平，并在全校交流学习心得。

2. 开展名师培训，做到以点带面，辐射引领。我校现有市级特级教师1名、学科教学名师1名、市级骨干教师5名、区级骨干教师6名，组建了学校的优质教育资源团队。首先学校加大对优质教育资源的培训力度，提供高阶、深度的学习，为专业化发展奠定坚实的基础。其次，学校利用校内的优质教育资源，承担学校的课程开发、教研示范、教学研究等活动,在学校起到示范引领作用,并实行一对一的"师徒结对"帮扶,培养我校的青年教师及新进教师,每年指导徒弟撰写教育教学论文、开展教育科研活动、上好优秀研究课等,促进我校教师的全面发展。

3. 开展青年教师培训,提高科研能力。自建校以来,我校引进了一大批青年教师,他们很多都是研究生,具有较强的教育科研能力、现代信息技术能力,学校利用他们的特长,加大对青年教师的培训力度,提供搭建平台、课堂实战、课后反思等形式,不断提升他们的思想素质、理论水平、教育教学能力,培养有创新意识、特色意识的青年教师。

(三)合力推动课程研发,寻求教研创新

课程是落实立德树人的关键,是育人的载体、依据,是组成学校要素中的核心要素。通过邀请名师、教育专家来校作课、讲学,首先从理论上提高教师的认识和基本能力;其次组建由校级领导、骨干教师和研究生教师组成的学校课程研发中心,联合全校各科教师研发学校的整体课程规划,建构包括基础课程、和悦课程、和融课程及和创课程为主的四级课程模式。课程研发中鼓励教师全面卷入,以课程研发推动教研落地。全力推进在课程研发中寻求教研形式的创新,促进学校课程发展,教育教学和教研工作同步向前。

(四)以课题促科研,以科研促发展

教育科研是探索教育教学规律,使教育教学工作不断向规律靠拢的过程。而课题研究能让我们的研究有目的有方向。学校根据课题内容建立课题组,定期召开课题组成员会;定期组织教师学习教科研知识;研究过程落实,各课题组每学期安排一至两次教学研讨活动,每次研讨有明确的目的,及时反馈。全校老师根据学校的总课题,加强校级"小课题"研究,制订出相应的子课题,从各个方面进行研究。制订好后先对自己的教学现状进行分析,做到有案可据,制订好针对性的措施,并定期汇报自己的课题研究情况。教师制订好研究计划,通过汇报课、论文等方式体现自己的研究成果。根据自己的课题特点,课题组成员完成"六个一"活动:每学期读一本教学专著、一篇读书笔记、一篇教育教学案例、一篇教学设计或实录(与月评挂钩);每期一节研讨课、一篇研究论文等。

（五）建立健全校本培训评价机制

对校本培训工作的过程与质量进行监控与评价，根据学校制定的教学教研工作制度，定期检查校本教研运行情况，及时记录、反馈、汇总基本情况，明确存在的问题和困难，排查原因，提出改进措施。每学期进行一次学生、家长、教师问卷调查，通过全面了解教师的师德师风、职业道德、教书育人等，对表现突出的教师、年级组、教研组进行奖励，评选出"优秀和美教师""优秀和美年级组""优秀和美教研组"，对职业道德败坏的教师进行严肃处理，并将奖惩情况纳入教师的年度考核、评优晋级工作中。

五、教师专业化发展的保障措施

（一）组织保障

学校成立以谌清淑校长为组长，郑治、田彬、饶雁三位副校长为副组长，教导处、德育处、办公室等处室主任为成员的学校教师专业化发展工作领导小组，负责贯彻、落实各级教育行政部门、教师培训部门的校本教研工作意见和实施指导意见；制定符合本校实际的教师专业化发展的各项管理制度；制定教师专业化成长的年度计划；总结并考核年度工作；筹措教师专业化发展的经费等。

（二）制度保障

一直以来，学校非常注重制度建设，针对教师教育科研能力较强的优势，结合师资结构配比，采用SWOT分析法，制定了教师培养中长期规划和教育科研发展规划，并形成了以"教育科研为水平线，教学质量为生命线"的学校教学与科研的大观念。

制定《空港新城人和街小学教师发展个人档案》，记录和收集教师专业发展自我规划；优秀教学案例、反思、实录、听课笔记、教研活动；读书心得、培训心得；课题研究；教育叙事案例；优秀作品、发表或获奖论文；赛课活动等方面的资料，促进教师在自律和自信中成长。

制定《空港新城人和街小学教师专业化成长考核办法》《空港新城人和街小学校教师专业化成长奖励办法》。每学年对教师的专业化成长进行评比，对工作取得一定成果（学习、课题研究、论文发表、获奖、学术交流等）的教师，实行政策鼓励、精神激励、物质奖励，将教科研成果应用与教师的评优、评先、聘职、晋升直接挂钩，从而形成全校科研深入扎实，全面推动的良好局面。

（三）资源保障

1. 经费保障。为了有效促进教师专业化发展，学校在经费上给予大力支持，通过多种形式、多种渠道筹措经费，采取专款专用的制度，奖励先进，为教师专业化成长提供物质条件和精神条件。

2. 时间保障。为了促进教师的专业化发展，我校每周定时、定点开展校本研修活动，做到每周一小主题、每月一大主题，为教师的专业化成长搭建学习、交流的平台。

3. 师资保障。为了适应时代发展的需求，努力提高教师专业技能发展，全面促进学校教育教研活动的深入开展，我校坚持"请进来、走出去、互相学习、共同发展"的原则，充分利用市教研员、区教研员、兄弟学校及集团校的优秀师资力量，到我校进行专业引领；充分发挥我校市级名师、骨干教师、区级骨干教师的示范引领作用，通过"师徒结对"的形式，力求做到拓宽渠道、博采众长，增强与兄弟学校交流沟通，提升教师专业素质。

第三节 教育科研助推教师专业化发展

教育事业要发展，教育科研必先行。建校以来，我校秉承"以科研为先导""向科研要质量"的宗旨，紧紧围绕"科研兴师、科研兴教、科研兴校"这条主线，坚持以科研为先导，以特色创品牌，不断推进学校教育教学质量的提高，增强了学校可持续性发展能力。

一、科研兴校——教育科研齐抓管理决策

（一）营造教育科研氛围，树立科研兴校意识

1. 确立科研先导地位。全面实施素质教育，形成学校办学特色是我们追求的目标。建校以来，我们深刻感觉到，提高办学品位和档次，形成学校办学特色必须以教育科研为先导，走内涵式发展道路。实践证明，开展教育科研促进了教师教育观念的转变，大大提高了教育教学效益，推动了学校管理工作的科学化，有效地提高了教师专业素质。

2. 增强教师科研意识。科研先导、科研兴校要成为广大教师的共识，必须使广大教师牢固树立教育科研是教育发展第一生产力的思想。教师"要遵循教育规律，积极参加教育科研，在工作中勇于探索创新"。为此我们积极营造学校科研氛围，通过专家讲座、外出学习、校本培训和校会、教研组、学科备课组活动，组织教师学习、讨论，老师们在教育实践中切身感受到开展教育科研，探索教育规律，有利于提高自身的专业素质，有利于提高教育教学质量。目前我校教师学习现代教育理论、开展课题研究已成为广大教师的一种自觉行为，开展校本科研已成为广大教师的共识。

（二）健全科研运行机制，加强教育科研管理

1. 建立学校教育科研机构。建立和健全教育科研网络是加强教科研管理工作

的关键。因此我校一直致力于努力构建一个行之有效的学校教科研工作网络机制，力求使所有的教师都参与到教科研工作中来，学校成立了由校长为组长，教学副校长和骨干教师为成员的学校教育科研领导小组，全权负责学校的教育科研工作，构建起"教育科研领导小组——教科室——教研组——教师"四级教科研工作管理网络。先后出台了"教科研制度""课题管理制度""教育科研档案管理制度""教育科研奖励条例""教师业务学习制度""教学研究常规要求""教师教育培训制度"等一系列的教科研规章制度，所有这些规章制度的建立和完善，都以激发教师科研热情为导向，以激励、奖励为准则，凸现了人文性，弱化了强制性，呈现出"荣誉与责任同在、考核与激励并存"的制度特征，充分调动了教师参加教科研工作的主动性和积极性，在全校营造了浓烈的教科研氛围。

2. 组建课题研究团队。为加强课题研究，增强研究实效，我们以学科组为单位，落实课题研究，课题主持人均由教研组长和骨干教师担任，一线教师100%参与课题研究工作，形成了人人参与课题研究的良好局面。目前学校立项课题有《126和合课程校本化建设与实施研究》《和美教育评价体系开发研究》《基于社会主义价值观的主题式德育课程开发研究》《互联网+背景下和美教育评价体系开发研究》《新时代学校文化建设策略研究》。其余各课题组的研究均有不同程度的进展。

3. 加强教育科研管理。为加强教育科研过程管理，保证学校科研自觉有序持续开展，学校还进一步完善了理论学习、课题申报、成果汇报、科研奖励等一系列学校科研制度。定期进行理论培训，举办科研讲座，不断引进教育科研信息，统一进行课题论证、立项，每学年组织科研成果交流、认证、奖励，调动了广大教师从事科研的积极性，使教育科研工作产生了竞争机制，不但增强了教师自觉科研的意识，也促进了教育教学质量的提高。

二、科研兴师——教育科研引导师资建设

科研兴则师兴。教育科研是教师的必备素养，也是教师成长的有效的载体和手段，更是教师自我发展和自我实现的有效途径。只有做学习型、研究型的教师，才能及时接纳教育的新动态、新信息和新成果，主动渗透到自己的教育教学实践中去，才可能更好地提升自己的教学水平，促进学校教学质量的提高。

（一）研修培训，加快教师个人科研能力的提升

建校以来，借助区级力量和集团校团队搭建教研员+集团导师+学科教师的研修导师团队提供的专家资源，学校教师发展中心有计划地组织开展了各项研修培训。首先，每期开展和区级友好学校、人和街小学教育集团全学科的深度教学研讨活动，及时学习政策引领，获取优秀的教研教学资源，实行多维教研、全体教研、全面教研。其次，组成教师科研共同体。组建以1+6+N的高效研修团队，即特级教师（学科名师）+学科骨干+学科教师的常态化研修共同体，坚持学科带头人理论引导，学科组集体教研，学科教师深度卷入，人人提升。再次，开展青蓝结对帮扶活动。三年以内的青年教师拜一位师父，开展帮扶结对专题研讨，从各学科到AB班主任都有师父指导引领，让青年教师快速成长提升。再有，实施"走出去，请进来"战略，即分层分批派出学校教师到全国各地听课、参与各类学术交流活动；每年举行有一定规模的研究活动，如"学校课程研发讨论会""校际联动教研"等。

每年一次的"和美论坛"成了老师们教育教学成果展示交流、互动学习的重要舞台。它内容丰富，针对性强，适应教师需要，涉及语数英等学科教学和班级管理、教育科研等内容；它形式灵活多样，或个人演讲或团队汇报或主题沙龙或问答交流。除了本校教师参与外，还会邀请市区级各方领导和专家来进行观摩和指导，努力把培训落到实处，让教师科研能力得到真正的提升。

（二）课程研发，助推教师科研专业成长的途径

课程资源的开发不仅是课程有效实施的必要环节，也是教师专业成长的一条理想途径，同时还是学校特色的体现，是学校文化和育人理念的落地。因此，课程资源的开发助推了学校教师的科研能力。

我校多次邀请名师、教育专家来校作课、讲学，首先从理论上提高教师的认识和基本能力。多次邀请了西南大学教育学部部长、博士生导师罗生全教授来校指导学校课程建构工作。学校也组建了由校级领导、骨干教师和研究生教师组成的学校课程研发中心，联合全校各科教师研发学校的整体课程规划。目前建构了主要包括基础课程、和悦课程、和融课程以及和创课程为主的四级课程模式。课

程研发中心鼓励教师全面卷入，以课程研发推动教研落地。在过程中，教师翻阅文献，研读政策文件，挖掘学校教育资源，分析学生情况及需求并积极地研讨。全力推进在课程研发中寻求教研形式的创新，促进学校课程发展，教育教学和教研工作同步向前。

（三）课题带动，促进教师队伍科研水平的提高

课题研究能让我们的研究有目的有方向，让教师都参与到课题研究中来，通过做课题引导教师在科研中成长。只有在科研实践中不断探索，精心求证，才能使自己的教育教学行为适应学生个性发展的需求，才能使自己的专业化水平有质的飞跃。

目前学校立项课题有《126和合课程校本化建设与实施研究》《和美教育评价体系开发研究》《基于社会主义价值观的主题式德育课程开发研究》《互联网+背景下和美教育评价体系开发研究》《新时代学校文化建设策略研究》。全校老师根据学校的总课题，制订了校级"小课题"研究计划，从各个方面进行研究。

老师们积极参加到小课题的研究中，组成了多个课题组。教师确定研究方向后先对自己的教学现状进行分析制订研究计划，做到有案可据，研究出针对性的措施，并定期汇报自己的课题研究情况，通过汇报课、论文等方式体现自己的研究成果。学校要求根据自己的课题特点，课题组成员要在研究过程中完成"六个一"活动：每学期读一本教学专著、一篇读书笔记、一篇教育教学案例、一篇教学设计或实录（与月评挂钩）；每期一节研讨课、一篇研究论文等。同时鼓励教师们将课题研究做小、做实、做透，找到自己教育教学中症结所在，将问题转化为课题，开展三次备课行动研究。

教师由于重视了课题研究，逐渐改变教学观念，改变以往的教学方法，力求处处体现"以学生为本"的教学理念，努力实施和谐教学，促进学生身心健康发展，使课题研究得以在课堂中真正实施，教师队伍的科研水平得到了大幅度提高。

三、教育科研成果的推广与激励机制

教育科研是为了改进和助推教育教学工作，而教育科研成果不可能自动作用于教育实践，为了防止发生教育科研与教育实践"两张皮"的现象，学校非常重

视教育教研成果的应用与推广。为此，学校拟定了教育科研成果应用与推广制度，采取了经验交流、学习培训、成果汇报展示、刊物发表刊登、青蓝结对帮扶等多种形式进行校内的成果交流推广，并建立相关的保障机制，对教师科研成果进行有效管理与推广。

（一）多形式多渠道推广个人成果

用好"和美论坛"，每年邀请一批在教育科研方面有突出研究成果的教师或团队进行经验交流，推广展示研究成果。

定期召开教师科研成果学习培训会，每期让参与课题研究或课程开发的教师当导师，给其他老师传授自己或团队在教科研方面有效的经验做法。

借助青蓝结对帮扶，以老带新进行"一对一"指导，让教育科研成果在校内落地开花。

举办教科研成果推广现场会，每年对课题、获奖论文、课程开发等成果利用展板、公众号、公开课等方式进行集中展示。

发挥校刊《和美教育》科研成果推广主阵地的作用，刊登学术成果，并推荐到其他教育刊物上发表。

积极参与各级教科研部门的评比活动，推广教育科研成果。

（二）有重点有方向推广集体成果

建校以来，学校在各级政府的关怀下，在人和教育集团的大力指导下，秉承着"让生命在和美中绽放"的办学理念，形成了独具特色的和美教育文化。在不断推动内涵发展的同时，发挥着区域名校的影响作用。学校科研成果推广工作重点突出，采取了名师引领、多方宣传等措施，以外促内、以培代训的良性效应。

1. 名师引领

学校有市区名师、骨干教师近十人，市区级"名师工作室"2个，他们分散在各个教育教学岗位上，在市区级的学科及教育教学岗位上发挥着积极的引领作用。这些名师是学校办学成果之一。特别是"重庆市谌清淑名校长工作室"和市级名师郑治，他们为省、市、区、校各级学校和老师们开展了数次教育教学培训和指导，介绍与推广了他们的教育科研经验，起到了很好的示范引领作用。

2. 多方宣传

为了及时宣传、交流和推广科研成果与工作经验，学校创建了公众号和视频号，安排专人负责管理和推送，学校各种活动和科研成果得到充分的展示和推广。除了利用信息媒体外，学校还通过校内外比赛、大型活动、家校交流等方式对科研成果进行展示和推广。多方宣传，我校的社会知名度和认可度大大提高。

科研成果的有效推广，对营造和谐民主的育人环境、丰富学校发展内涵起到了积极的促进作用，学校在全面实施素质教育的道路上，与时俱进，科学发展，不断实现学校综合教育质量的提升。

第四节 和美教师个人成长案例

建设一支高素质的教师队伍，是扎实推进新课程改革，构建高质量教育体系的关键。建校至今，空港新城人和街小学始终将师资队伍建设作为基础工程推进。学校以教师为本，注重唤醒教师发展内驱力，提升自主学习能力，加速教师专业化进程。

一、教师专业发展的重要政策支持

教师是立教之本，兴教之源。新时代教师专业发展要以党的十九大精神为指导，要深入贯彻落实《中共中央国务院关于全面深化新时代教师队伍建设改革的意见》和《中共中央国务院关于深化教育教学改革全面提高义务教育质量的意见》精神，全面建设高素质专业化创新型教师队伍，落实立德树人根本任务，助力教育高质量发展。

（一）专项政策

2018年印发的《中共中央国务院关于全面深化新时代教师队伍建设改革的意见》强调要"深入贯彻落实党的十九大精神，造就党和人民满意的高素质专业化创新型教师队伍"。这个《意见》是中华人民共和国成立以来，首个以党中央国务院名义印发的有关教师队伍建设的文件，开启了新时代教师队伍建设的新征程、新气象，标志着我国教师队伍建设朝着高标准高质量方向迈进，具有重大的历史和现实意义。

2018年9月8日，重庆市委市政府配套出台了《中共重庆市委重庆市人民政府关于全面深化新时代教师队伍建设改革的实施意见》（渝委发[2018]44号）文件，为做好新时代重庆教师队伍建设工作指明了方向。

我市《实施意见》中长期目标任务明确，重点建设和改革任务明晰，各项政策保障全面到位。

近期目标：到2022年，形成职前职后相互衔接有机统一的教师培养培训体系，进一步优化畅通教师发展平台途径，普遍建立事权、人权、财权相统一的教师管理体制，全市教师队伍规模、结构、素质能力适应各级各类教育发展需要。

远期目标：到2035年，教师综合素质、专业化水平和创新能力显著提升，培养造就一大批在全国有影响力的教学名师、卓越教师、教育家型教师和校长。教师管理体制机制科学高效，教师队伍治理体系和治理能力实现现代化。教师主动适应信息化、人工智能等新技术变革，积极有效开展教育教学，让教师成为让人羡慕的职业，形成优秀人才争相从教、教师人人尽展其才、好教师不断涌现的良好局面。

在着力提升教师思想政治素质和师德师风建设水平上确定了三项重点建设任务，即强化教师党建工作、提高教师思想政治素质、健全师德建设长效机制。

在全面提升教师队伍专业素质能力上，确定四项改革任务：一是建设高素质保教能力强的幼儿园教师队伍；二是建设高素质专业化的中小学教师队伍；三是建设高素质双师型的职业院校教师队伍；四是建设高素质创新型的高校教师队伍。

在建设高素质专业化的中小学教师队伍上，加快推进教师培养供给侧结构性改革，全面提高中小学教师培养层次，为义务教育学校培养专业功底厚实、素质全面的本科层次教师，为高中阶段教育学校培养专业突出、底蕴深厚的研究生层次教师。加大农村中小学紧缺薄弱学科教师和特殊教育教师培养力度。加强中小学教师专业发展支持服务体系建设，充分发挥市级中小学教师发展中心的作用，推进区县教师发展机构建设与改革，到2020年，各区县实现培训、教研、电教、科研等部门有机整合。吸收培养优秀人才充实研训队伍，充分发挥其促进教师专业发展的职能。完善国培、市培制度设计，优化培训内容和方式，建设教师自主选学、分层分类培训机制，推进"互联网+教师专业发展"建设。严格执行培训学分考核制度。培育一批教师专业发展示范学校，更好地为区域教师专业发展服务。鼓励有条件的区县开展教师海外研修访学。继续实施名师名校长培育工程，加大名校长、名师工作室建设力度，建立中小学名师、名校长驻高校、科研院所研修制度，营造优秀人才脱颖而出的制度环境，着力培育一大批具有高尚的师德、先进的教育思想、独特的教学方法和鲜明的办学风格的教学名师和教育名家。

在不断提高教师职业地位和待遇上确定五项改革任务：一是完善中小学教师待遇保障机制；二是大力提升乡村教师待遇；三是保障民办学校教师权益；四是推进高等学校教师薪酬制度改革；五是提升教师社会地位。

（二）其他政策

2019年《中共中央国务院关于深化教育教学改革全面提高义务教育质量的意见》，首次明确什么是科学的教育质量观。科学的教育质量观是从义务教育实际出发，建立以发展素质教育为导向的科学评价体系，注重过程性评价和发展性评价，突出德育实效，提升智育水平，强化体育锻炼，增强美育熏陶，加强劳动教育，促进学生全面发展，破除"唯分数、唯升学"的片面评价体系。具体而言，《意见》把科学的教育质量观概括为"德育为先、全面发展、面向全体、知行合一"四句话。树立科学的教育质量观，是落实习近平总书记在全国教育大会上提出的"破五唯"指示的重要方式，也是引领义务教育改革发展的重要举措，更是教师专业发展的重要遵循。

《中共中央国务院关于深化教育教学改革全面提高义务教育质量的意见》明确指出，要优化教学方式，坚持教学相长，注重启发式、互动式、探究式教学……探索基于学科的课程综合化教学，开展研究型、项目化、合作式学习。各地要定期开展聚焦课堂教学质量的主题活动，注重培育、遴选和推广优秀教学模式、教学案例。

以上政策文件对教师职业属性赋予更高的定位，对教师的综合素质、专业化水平和创新能力提出更多要求，把提高教师地位待遇作为增强教师职业吸引力的根本举措，切实保障了教师的基本权益，杜绝了教师的后顾之忧，为培养有理想信念、有道德情操、有扎实学识、有仁爱之心的"四有"好老师奠定了坚实的物质基础，为教师的专业发展指明了方向。

二、教师是学校发展的第一资源

一所学校的崛起之路，也是教师的成长与发展之路。学校发展是多维度的，除了硬件发展，更为重要的是内涵提升。内涵提升是一个长期的系统工程，在此过程中，起决定作用的因素是教师。教师是学校的主体，也是学校发展的核心力量，教师专业成长水平决定着学校发展水平，教师得到真正发展才会有学生的发展，从而实现学校的内涵提升。一支高水平的教师队伍，是学校崛起的关键。

要实现教师的专业发展，除了依靠自身的专业基础、潜心教研和热切追求外，学校对教师的专业成长进行正确的价值引领、营造学术氛围、搭建发展平台十分关键，只有这样，才能唤醒教师的专业自觉、促进教师的角色重建、提升教师的追求和动机。

（一）对教师的精准定位

1. 教师职业尊严得到充分尊重

我校以和美教育的核心办学思想体系，辅以丰富的环境文化，从内而外，呈现出和美教育的美好样态。让教师真正成为有尊严、有自主性的职业。教师自身加强职业素养，做有理想信念、有道德情操、有扎实知识、有仁爱之心的好老师。

2. 教师主体意识得到充分发扬

教师是学校的主人，有好老师的学校就是好学校。教师主体意识的觉醒对推动教育发展和教育创新有着十分重要的意义。

"国家创新，教育为本；教育创新，教师为本。"再好的教育理论，再好的教材，离开了教师的教育实践都将变成空中楼阁。只有教师身体力行，将自己的主观创造性融入教学之中，才能收到实实在在的效果。同时，教育教学过程是一个创造性脑力劳动，只有教师主体意识的充分发挥，才是教育创新的动力源泉。随着教育创新外部环境的改变，各级教育部门对教师队伍建设的重视，以及科研兴校的强力推动，教师在教学过程中的主体意识开始显现。

教师主体意识的发挥不能单纯地依靠教师的自我觉醒，更要有外力的催化作用。我校确保决策的透明化，每个教师能够充分表达自己的意愿；调控时间"黄金时间做黄金事"，调控空间以公平、公正、公开的方式，将学期、月、周工作安排，文件及问题处理表，行政会议纪要发至每个老师手中；建立计划系统，实施制度管理柔性化，柔性制度让"那些走不快的人"动起来；学校成立服务中心，将学校管理转变成服务；"教师发展中心"为教师教育教学，专业成长，提供专业、周到的服务。

教育创新促进了教师主体意识的增强，反之，教师主体意识的增强又为教育创新注入了强大的动力。

3. 教师成长需求得到充分满足

教师专业成长是一个循序渐进、不断向上、促进自我发展的过程，同时教师专业成长不是个体独立完成的，而是多主体、多元素、多层次的。我校关注教师成长需求，为教师搭建积极向上的专业成长环境，教师在多途径、多层次、多合作、多交流的教育实践、教育培训中，引领教师专业成长。

事实上，我们的教师在职前培训以及初入职时，就已经掌握了基本的教学技能。教师可根据自身特长提出进修和工作要求，学校考核后积极创造条件尽力满足，外出研修与校内交流与公开课等专业输出相结合。教师在先进教育理论指导下，借助于行动研究，不断地对自己的教育实践进行反思，积极探索与解决教育实践中的问题。努力提升教育实践的合理性，并使自己逐渐成长为成熟型教师。在理论指导下实践，在实践中提升理论。

（二）对教师的精准打造

教育质量是学校的生命线，教育质量的提高最终取决于教师的专业发展。我校采取引进与培养相结合的方式打造出一支师德高尚、业务精湛、治学严谨、充满活力的高素质专业化教师队伍，为学校的发展积淀深厚的基础。

1. 特色创建促进教师个性发展

一校一品充分彰显学校办学个性，特色创建是依赖于所处的区域自然环境和文化传统而提炼的。空港新城人和街小学以和美文化为特色，建设和谐臻美的校园。我们始终将师资队伍建设作为基础工程推进，吸引了一大批名师。学校现有重庆市骨干校长1名、重庆市特级教师1名、市级骨干教师12名、区级名师1名；市级、区级名师工作室主持人2人，谌清淑校长主持市级名校长工作室工作，郑治副校长主持区级名班主任工作室工作。学科教师在区域内具备较强学科专业素养，担任渝北区中心组成员的教师8人，辐射引领渝北区小学各学科教学研究工作。

我校共计71名教师，有40名教师获得区级以上赛课活动一等奖、二等奖50

余次。教师不断超越自我，完善自我，既是学校的期望，也是超越自我的必由之路。提高修养，追求高尚，健康充实的精神生活，教师带着满腔热情投身于教育事业，在实现社会价值的同时，实现个人自我价值，获得巨大的成功感受。

2. 在团队研修中提升专业素养

教育科研是学校不断前进和可持续发展的不竭动力。我们深入推进课程改革的行动研究，以校本教研作为推动教师专业成长的主动力，形成了"科研管理一体化、科研队伍层次化、教研活动日常化、教育科研专题化、科研成果多样化"的教育科研特色，助推学校高质量教育体系构建。

学校校内研修组建以 1+6+N 的高效研修团队，即特级教师（学科名师）+学科骨干+学科教师的常态化研修共同体，以教师整体素质优化为根基的塔式发展体系，坚持聚焦问题，开展行动研究，每期大主题，分组小课题的方式，促使学科教师深度参与，人人有所提升。

3. 校际交流促进专业成长

我们秉承开放与共享的原则，注重校际交流，以研究促教学，以展示促发展。每期与人和街小学教育集团，以及区级友好学校进行教学研讨，聚焦教育热点，纵深推进课程改革，以问题导向的课例研究为载体，开展多维教研、全体教研、全面教研。

"走出去、请进来、互相学习、促进发展"。我校力求做到拓宽渠道，博采众长，增加与他校切磋交流机会，尽可能提升教师专业素养，打造高效课堂。在学校创造的交流机会中，教师积极踊跃地参与交流活动，结合自身的从教经验和学生的实际情况，认真观察对方在教学管理、课堂组织、教学方法等各方面的特点，从而扬长避短，为自身教学增力。

4. 遵循教师成长规律，在关键处引领

教育改革的核心是课程改革，课程改革的核心是课堂教学改革。要改变一所学校，需要不断开展校内教研活动，让教师敞开教室的大门，进行相互评论，教师的成长在于反思。我们将教师成长分为两次发展，第一次是青年教师走向成熟教师，第二次是成熟教师成为骨干教师。

导师制，即传帮带，让青年教师迅速成长为骨干教师；重教研，通过集体备

课和教研提高课堂效率；推课改，通过课改项目推动教师素养提升；常磨课，快速提升教师专业水平。

5. 终身学习成就最好的自己

学校的发展根本在于教师，教师的专业成长需要终身学习。善于学习，才会善于进步。学习书本知识，促进教学水平的不断提高；学习学生，努力完善师德；不断加强现代教育技术的学习；不断学习加强自身修养，提高教师人文素养；学习与社会有关的生活知识。

三、教师专业成长的策略研究

高素质教师队伍是学校发展最重要的资源，决定着学校的核心竞争力。学校要把教师的创造潜能诱导出来，将教师的使命感、价值感从自我意识和心灵中"唤醒"。

（一）校内名师引领青年教师成长

青年教师是教师队伍中一支最活跃的生力军，是学校教育教学工作的重要力量。这支青年队伍对于学校的未来发展起着举足轻重的作用，根据青年教师的成长规律，造就一支思想道德高尚、专业理论知识扎实、专业技能突出的高素质教师队伍，促进教育持续、健康发展，是我校工作的重点。

1."师徒结对"传帮带，"青蓝工程"促发展

我校从高校吸收的专业青年教师，精力充沛，接受新事物能力强。已在校工作的青年教师，有较为丰富的教学实践经验，他们专业技能相对较强。在现实的教育教学中，作为在职的青年教师，部分青年教师在教育教学实践能力稍显不足，比如多角度了解和分析学生的能力、灵活处理教材的能力、有效实施教育教学策略的能力、强化和反馈教学信息的能力、处理偶发事件的能力等。

名校有名师，青年教师的专业化成长离不开名师的引领。针对这种情况，在每学年伊始，都会进行"师徒结对"传帮带签订活动，对新来的青年教师，学校安排经验丰富的教师负责持续指导，并组织其参加教学研讨活动。开课一个月后，举行"青蓝工程"之师傅上示范课、徒弟上合格课活动。对参加工作满一年的新教师，要进行合格课考核，主要看新教师通过一年的努力，能否履行教师职责，教学是否符合基本规范，是否达到专业教学一般的要求；对参加工作满二年的新教师，要进行汇报课考核，主要看新教师在合格课的基础上，课堂教学是否有进步，是否规范，驾驭教材的能力、课堂教学的设计、安排、教学方法的灵活运用、教学的基本功、动手实践能力、现代教育技术手段的应用、课堂教学的效率等方面是否达到要求。

在一次次师徒结对教学研讨中，徒弟们提出课堂教学中的困惑，师傅们悉心指点；教学管理团队、教学中心组成员，从学科特点、教师个人优势与发展方向等几个方面，指导各学科组再次反思，提炼经验，以便帮助青年教师们尽快就位入格，站稳讲台，获得更多成长。

余婷老师的师徒结对课教学实例：

本节师徒结对课运用借助图画认读拼音的学习方法，为学生自主学习打下基础。渗透教学法，使学生知道通过看图和编顺口溜的方法能记住字母的音和形，从而将枯燥的拼音教学化难为易，寓学于乐，增添学习拼音的乐趣。

在本节课中，为了让学生感受到g和k发音上的不同，我特意找来了一张小纸条，让学生观察g和k呼出的气流变化，学生一下就发现了它们的不同之处。我还时时不忘对学生进行教学常规教育，首先值得肯定的是，今天孩子们都表现得很棒。在课堂中我寻找写字姿势正确的孩子，然后对这个孩子进行表扬，其他孩子听了，自然而然地就向榜样学习了。鼓励学生认真听讲，表扬坐姿好、听讲认真、回答问题积极的学生，并运用多种鼓励形式，比如个别表扬、小组表扬、大家夸等，学生的积极性被充分调动起来。整堂拼音课进行得很顺利，孩子们在开开心心玩与学的过程中，轻轻松松地掌握了声母gkh的字形和发音，并且从始至终都保持着浓厚的学习兴趣。

在这节课中，虽然我让学生读的形式多样，但未能顾及后进生，并且有时学生读错，我为了赶时间而没有纠正学生的读音，也不够注意培养学生学习的良好习惯，这还有待于在今后的教学中改进。

蔡斐斐老师在青蓝工程中的收获：

在第一学期开学初，在校领导的安排下我们进行了结对，也让我们明白了学校进行教师师徒结对活动的意义，为青年教师搭设了学习的平台、科研的平台、展示的平台。是让我们青年教师在骨干教师的带领下，在较短时间内适应教育岗位的基本要求，实现师德、教学艺术、教育管理能力和教科研能力的同步提高，做一名优秀的小学教师。

作为一名青年教师，只有不断学习，才能使自己跟上课改的步伐，才能以全新的思想、观点指导自己的教育实践。因此，在王老师的要求、指导下，我坚持写教学反思，平时及时充电，不断更新自己的教育观念。在平时的教学中，我能做到认真钻研教材，遇到教学中的难点、重点、疑点，主动向师傅请教，受益匪浅。

很多老师都惧怕被听课，其实听课可以帮助我们发现一些自己难以注意到的问题并能及时地改正。师傅给我评课时，会反馈出很多我自己没有意识到的优点和缺点。比如：对于某个教学环节，我可能从教师的角度觉得没有任何问题，而我的师傅在听课时是可以从听者的角度看出许多不足之处，让我以后可以有意识地进行调整。师傅在评课时对我的指导不仅停留在理论层面，更是体现在具体的每一个环节中，甚至对学生的每一句评价语言都悉心琢磨，使我明白一堂堂课该如何真正达到有效。

而听师傅的课收获也很大。她的课最大的特点就是条理清晰，重点突出，特别容易理解，课堂气氛好。在多次听师傅课的过程中，我慢慢体味到她的教学风格，这使我受益匪浅。我也进一步地体会到：认真准备一节公开课和大家听课评课的过程会给讲课人带来很大收获，那么师徒之间的听评课就好比堂堂都是公开课，必定会带来更大收获。师徒结对这条无形的纽带联结在师徒之间，使我们在有意无意之中增加了交流和相互学习的机会，从而得到提高。

有了师傅的指导，我少走了许多弯路，从她的身上，我不仅学到了教育教学经验和深厚的教学基本功，同时也看到了她那务实的工作态度，这深深地影响着我。作为徒弟，我诚挚地感谢师傅对我的关心和爱护，也感谢学校为我提供了这个学习成长的基地，将师徒结对这一条无形的纽带联结在我们师徒之间，为我们增加了交流沟通和相互学习的平台。今后，我会继续努力，更加主动地、虚心地向师傅、向大家多学习，多请教，积极创新。而且会将师傅和老教师对我的关心和帮助转化为教育教学上的动力，争取在工作中更快地成长，不辜负学校的期望。

2. 开展听评课活动，快速提升教学力

课堂是青年教师成长的主要途径，课堂教学质量是检验教师成长的主要依据。青年教师在学校承担重要的学科教学任务，我校名师深入课堂听评课，进行教学指导。

（1）找准指导点，突出指导的针对性。

每名青年教师自身素质不同，对教学的感悟、理解、操作能力不同，甚至学科喜好也会影响教师的发展。通过调查、谈话、观察等方法，我们帮助教师分析自身的不利因素，指导他们设定改进的措施，不断调整教育教学行为。

（2）明确发展点，突出指导的连续性。

对于一名青年教师的成长，我们有耐心和爱心，真诚关注其课堂教学，用容易接受的语言提出意见。采用推门听课、跟踪听课的方式，连续指导，逐一解决课堂教学存在的若干问题，点对点地促进青年教师课堂教学质量的提高。对于参加课堂竞赛的青年教师，我们重视"磨课"的过程，促进青年教师在环节安排、教学效果等方面反复斟酌比对，改进完善，在课堂教学上达到质的飞跃。

青年教师徐蛟"磨课"实例：

《时间像小马车》是一首富有儿童情趣的创作歌曲，形象地模仿了时钟嗒嗒走动的声音。教师通过比较生动的语言编讲了一个童话故事以解释时间像小马车的含义，让学生知道时间非常宝贵，一旦失去就不会再拥有的道理，要懂得珍惜每分每秒。

这是一节综合课，教学内容都是有关"时间的歌"，通过不断磨课，我了解到，我并没有把教学重点放在单一的歌曲学习和乐曲欣赏上，而是结合时间——"流动、运转、轮回、消逝"这一生活常识，将教学内容有机地整合在一起，拓宽学生的知识范围及学习空间，由于教学内容较多，涉及的音乐素材也较丰富，所以本课教学目标定位在：营造宽松自由、平等和谐的学习氛围，让学生积极参与、热情表现，通过师生、生生相互交流，感受优美的音乐旋律，享受快乐的幸福生活，并伴随着"滴答滴答"的钟表声，认识到时间的宝贵，懂得珍惜时间。为使学生轻松愉快地学习，教师在课堂上创设了与知识内容相关的教学情境，积极引导学生发散思维，结合生活实际表现作品的寓意，让学生在演唱、听赏和律动中，

感受音乐旋律的优美及音乐表现的多样性，在丰富的教学活动中，达到知识与技能、情感与交流的完美统一。

（3）创设对比点，突出指导的科学性。

有计划、有组织地开展同课异构的教学活动，结合学校骨干教师的教学观摩，要求青年教师详细就具体教学环节做好课堂实录，与自己的课堂教学设计进行对比，说明其中的可研究部分，就不足的地方进行修正、补充，培养青年教师发现问题、分析问题、解决问题的能力，以此丰富他们的教学经验，激发其教学悟性，提高其教学能力。

青年教师李文佳虚心向骨干教师学习经验：

一年过去了，我从一名一年级的老师变成了一名二年级的老师。孩子们在长大，在骨干教师朱丽如老师的帮助下，我也在慢慢成长。去年的成长故事的主题是"难"，做一名一年级的老师太难了！这次的主题是"学"，毕竟，做一名好老师，要学的东西可多着呢！

宽容是我学会的第一件事。我是一个"唐僧型"加"煤气罐型"的混合体老师，平时爱唠叨，遇事就爆炸。天天默念"不要生气""都是孩子要温柔"，但是总是忍不住对孩子发火。为的是什么事呢？不过也就是一些类似听写错太多，讲了很多次依然做错题的小事。其实孩子真挺无辜，他们也不想犯错的呀，他们只是忍不住。

学会宽容，最好的老师就是这些豁达纯真的孩子。每个人都会犯错误。小朋友会，同学会，老师会，爸爸妈妈也会。甚至有时候我们成年人犯的错误比小朋友犯的错误更严重。但是这些可爱的小朋友，一直用一颗大方的心接纳包容我。当我没有想出一个完美的答案回答他们的问题时，他们说"没关系"；当我总是说自己的字写得丑时，他们以掌声鼓励我，如果有一天有点进步，他们毫不吝啬地表扬"老师的字写得好好啊！"；当我由于自己的疏忽，忘记带东西而造成不方便时，没有人怪我而是抢着来帮助我……如果我能有孩子一样的宽容心态去理解包容他们的小小错误，或许"煤气罐"就能少爆炸一些，就能把能量用到更需要的地方。宽容是"煤气罐老师"的必修课，这门课，我还得跟着小老师们好好学。

（4）关注突破点，突出指导的实效性。

课堂教学过程与教学成效密切相连，相辅相成。教学成效的提升对青年教师是最大的鼓励。在教学测查之后，我们与青年教师认真进行分析，关注学生的发展趋势和程度。运用数据找出存在的问题，促进教师的反思，明确下一步要在课堂教学中努力的目标。

基于教师专业发展的听评课，不在于听课者给予青年教师"好"与"不好"的评价结果，而在于为青年教师提供可以参考、选择的建议，以及可以沿用的方法，实实在在地提高课堂教学水平。

3. 提供展示才华的平台

我校开展青年教师优质课大赛、课件制作、优秀论文和课题成果评比等活动，来促进他们树立新的奋斗目标，从而激发内在动力，提高工作绩效，以满足实现自身价值的需要，让他们在满足需要的过程中得到锻炼，从而提高他们的教学能力，培养他们持续发展的潜力。

（二）借任务驱动促成熟教师专业提升

成熟教师由于丰富的教育实践已经形成了独特的教学风格，成熟教师在经历了由生涩到熟练后，需要突破"瓶颈期"打破当前的舒适区实现第二次成长。

1. 课题研究促再生长

课题研究是促进教师专业成长的重要途径，也是开展教育教学科研的一项重要形式。对于成熟教师而言，其意义重要而又深远。

课题与教师任教的学科相关联，从而使课题研究活动与日常的学科教学活动合二为一，体现"教学即研究""研究教学化"的理念，使课题研究变得更有实际意义。在研究过程中，成熟教师可以破解教学中所面临的"瓶颈"问题，使制约其成长的新情况、新问题、新矛盾得到解决，呈现出新的发展态势。

语文组"三次备课行动研究中心"里，我校的大部分成熟的语文教师汇聚于此。在行动开始之初，郑治副校长要求每一位教师每周至少进行一次课堂实录打卡，并绘制自己的教师专业能力雷达图。在这个研究行动中，要求教师们不断地对自己的专业发展做反思和展望，在一次次行动研究中，促使成熟教师进行"二次成长"，逐步朝骨干教师方向迈进。

数学组的和悦课程之"Hua 数学"实践研究，我校的成熟数学教师已进行实践探究3年。在探究如何通过"话数学、画数学、化数学"让学生具备数学思维的过程中，教师们经过无数次地改进实践、系统思考。这种小课题研究使工作问题研究化，助力成熟教师突破自己的职业发展困境，实现"二次飞跃"。

"Hua数学"研究中心的王君老师一直在从事此方面的研究。

这是实践探究的第三年，"Hua数学"现有三部分组成：话数学、画数学、化数学。"话""画""化"，其意义所指分别是：通过师生、生生对话，让学生把对数学知识的理解以及解决问题的思路与方法"说"出来；学生运用直观的图形、图画表达抽象的数学内容，即把数量关系或解决问题的思维过程"画"出来；在理解数学基础知识、掌握数学基本技能的基础上，感悟数学思想方法，会用数学化的方法解决问题。

在新课改的环境之下，小学数学在教学的过程当中也要贯彻新课改的要求，按照其目标不断地转变教学的观念，同时也要适当地调整方法，采取不同的手段让学生更加积极主动地参与到课堂学习当中，从而变为课堂的主体，因此教师不要只一味地讲授知识，学生就会减少思考的机会，比较难以提出问题，就算产生问题也没有适当的机会去进行提问。长时间下来，学生就只会一味地倾听，不会主动思考、主动提出问题。这些不利于学生的发展，因此想要让学生具备一定的问题意识，能够提出问题，教师就要适当地转变方式，加强师生之间的交流，由学生提问来进行讲解。教师在教学时要丰富教学方式，使课堂活动多元化，提高学生的参与度，让学生在参与中发现问题，提出问题。同时针对学生提出的问题要共同探讨，这样不仅可以更加深刻地巩固自己学习的知识，也可以去进行分析思考，教师根据学生的表现可以了解学生的具体情况，使得教学能够充分地发挥作用。

2. 赛课、献课打磨生成实践智慧

赛课、献课是教学研究的一种形式。开展教学研究是教师的基本任务，教师不但要上好课，而且要研究怎样上好课，赛课、献课的打磨就是教师间进行教学交流的一种重要形式。成熟教师们聚焦课堂教学中真实而具体的关键问题，进行专项观察、分析、诊断，通过某一节课的几轮持续的观课探讨、教学反思、教学行为改进，优化课堂教学，民主、平等地发表意见，共同就真实问题提出看法和建议的学习研讨。

通过赛课、献课的打磨，在共同的教学研究中集思广益，互相取长补短，是成熟教师提高教学研究水平的有效方式。在磨课中收获，在赛课中进步，在反思中成长。

骨干教师陈盼分享她的赛课经历：

年华似水，岁月飞逝。回首相识，我来到空港人和这个大家庭已经两年有余。一路走来，我有刚上路的欣喜与不安，有困难时的迷茫与退缩，更有成功时的喜悦与自豪……桩桩件件，历历在目。它们如明灯指引我前进的方向，如良师为我扫清道路上的荆棘，如益友帮助我更上一层楼……今天我就用"心"来分享我的成长故事。

……

2019年3月，我又接到了参加"红领巾之声"少先队活动课说课大赛的任务。回想这大半年的经历，有困苦，有彷徨，有希望，有喜悦，只有自己亲身经历才能体会个中滋味。还记得接到任务时谌校长一次次对我的鼓励：盼盼，不要怕，你不是一个人，你还有我们这个团队。赛前听课指导，托人帮忙制作课件，找专家到校指点，谌校长每一次都亲力亲为，直至比赛前那天早上6点钟，还给我发来短信，让我沉着应战。郑治、饶雁两位校长一字一句、一次一次帮我修改稿子，从教案设计到外表形象，从手上动作，再到台上站位，都一一对我进行指点，很多时候我们半夜都还在发短信互动，给我支着儿。最让我感动的是每一次赛前去熟悉学生，他们两位都亲自陪同，主动承担小队训练的任务，帮我把关，把每一个细小的环节都考虑得很周到，解决了我的后顾之忧。熊筑主任就更不用说了，牺牲自己无数个晚上陪我，吃外卖，碰思想，查资料，设计教案，指导课件，最后一场比赛更是主动帮我联系广告公司，承担教具的制作。可以说每一次比赛的现场，都有她们的影子。还有很多幕后英雄：田主任和程鑫老师分担我的教学任务，小莉和小袁牺牲周末陪我拍外景，晚上加班帮我制作课件，"大肚婆"黄璟老师为我手绘教案，张平老师帮我画像，我的搭档小辜，主动承担了班上的一切事务，毫无怨言，学校后勤为我准备比赛所需的一切用具，还有我亲爱的伙伴们，见到我就亲切地对我说：盼盼，加油！盼，你能行！盼姐，看好你！这一切的一切，都让我感受到了空港人和这个大家庭给予我的温暖和帮助，给了我足够的勇气代表这个团队去展示属于我们的风采。

（三）学术交流助骨干教师专业化发展

骨干教师是学校教师队伍的重要组成部分，也是教育改革的重要力量，在教育、教学和科研工作中起核心作用。骨干教师的成长不是一蹴而就的，需要教师心理上的成熟，教学艺术的精湛，教学理论的升华。要成为一名称职的新时代教师，成为一名专业可持续发展的骨干教师，就必须树立起足够的信心，让自己"跑起来"。

1. 合力助推骨干教师成长

我校在创立之初，吸引了大批优秀的骨干教师前来，其中不乏市级骨干、区级骨干教师。学校实施人性化管理，彰显以德治校、以德育人、以德服人的人文管理理念，为和美教育人营造良好的校园氛围，促进教师的公平发展。

学校扎实推进教科研工作，多次承担区级教研现场，提供现场课例研究，为骨干教师创造互观互学、交流研讨的机会；骨干教师在帮扶青年教师中进行自我完善，促进进一步发展；通过推进课改，推动骨干教师在理念、教学行为上的转变，将专业成长与生机勃勃的动态课堂一起生成，切实提升骨干教师对教育教学现象和问题的自觉分析探究能力；以校内教研刊物为载体，骨干教师对自己的教学成果进行研究总结、论文撰写、成果分享，把专题研究从实践层面提升至理论层面，强化内功。

骨干教师黄莺交流学习后的感想：

在 2020 年 11 月 13 日，聆听了"和声课堂赛课"，本次赛课中有几位老师是市级赛课一等奖的获得者。

给我印象最深的是张识荣老师的《长度单位之古今》，在这一课中，教师首先让学生通过直尺、皮尺上 1 厘米的长度比较，认识到因为国际交流的需要，所以不同国家的长度单位的统一的必要性。紧接着出示了长度单位的英文全名，并让学生猜测和分析每个长度单位字母的意思，最后让学生总结发现，这都是因为选择用米做单位，前面的字母表示这个长度与米之间的分率或倍数。在这个过程中，让学生猜一猜，激发了学生的学习兴趣，同时还包含了推理和说理的过程。紧接着第三个环节，张老师让学生拿出课前他为孩子们准备的学习材料，让他们圈出自己不知道的知识，再让学生汇报，认识到了比千米还大的长度单位，以及比毫米还要小的长度单位，拓宽了学生对目前了解到的最大长度单位和最小长度单位的认识。

而最具有学科融合特色的，还要属最后这一部分。这一部分，老师梳理出很多中国古代的长度单位，比如：舍、尺、寸、丈、里……首先，老师需要让学生根据学习单自学阅读，了解到了不同的长度单位，在我国古代不同朝代的规定也不同。紧接着老师让同学们算古诗词里形容关羽"身长九尺，髯长两尺"的长度，孩子们很有兴趣。然后又算了算"一去二三里"的长度……最后还让孩子们把古代的长度单位按照大小进行排序。

整堂课下来，课堂节奏紧凑高效，又充满了多元文化的融合，上出了数学味、文化味。真正带学生体验了一把长度单位的古今文化的魅力！

2. 专业的学习催化骨干教师成长

（1）培训、听讲座淬炼本领。

理性的教师发展应是内生发展，是教师科研、教育教学等综合能力的提高，专业的培训和讲座促使骨干教师对自身教育教学有更深入的思考和体验。在聆听中收获学术思想，通过积极学习，转变教学理念；尝试创新，优化教学设计；积累经验，实现由骨干到名师的跨越。

（2）乐于阅读，积蓄文化内力。

教师是需要专业智慧的，教师要获得专业智慧，需要教师手捧一卷，沉浸其中，与各种思想进行智慧的对话。我们制订了读书计划，教师利用空余时间进行专业书籍的阅读，在每学期初开展读书交流会。在一次次思考中，丰富学科知识，深化教育教学理论、学科教学的理论知识，强化实践性知识，生成教师的专业智慧，促进教学实践与理论结合。

（3）与名师对话，共享广阔视野。

"独行速，众行远，同行致远"。学校将专家、教研员、名师请进校园，举行和美教研论坛、讲座、研讨活动，让和美教师能近距离与他们加强对话，交流思想。

与专家、名师面对面，在反复探讨中碰撞出思维的火花，立足真问题，开展真学习，实现真生长。在"教、学、研、评"的实践探索中，知行合一，找到课堂教学的生长点。骨干教师探索未知的自己，以奋进与活力之姿，向专业更深处探寻。

第六章　加强和美管理
——以和为贵，真诚相待

第一节　和美管理的概述

一、和美管理的理论基础

空港新城人和街小学在管理中以"人本主义理论"和"学习共同体理论"为基础，不断践行"让生命在和美中绽放"的办学理念，围绕办学目标以及提升学生核心素养的目的，经过了五年的探索和积累，学校形成了集"文化课程、教学、教师发展和行政管理"的和美办学模式。

（一）人本主义理论及其在空港新城人和街小学的具体体现

人本主义理论是 20 世纪 50 年代末 60 年代初在美国兴起的一种反对行为主义倾向的心理学学派，是美国当代心理学主要流派之一。人本主义理论主要强调"以人为本"的思想。教育者们在教育学生的时候，就应该发展"教人、做人、成人"的教育，培养自我实现或充分发挥作用的人；人本主义教育观主张将情智教育融为一体，开展最佳成长的内在学习；主张把学生视为学习的主体，开展"以人为中心"的学习。管理的内涵体现为"为了人、尊重人、发展人、依靠人"，强调"以人为基础，以人为前提，以人为动力，以人为目的，以人为核心，尊重人，依靠人，发展人"的价值理念。

经过五年的探索和实践，空港新城人和街小学在传承民族文化、顺应时代发展,提炼出学校和美教育的办学理念:"让生命在和美中绽放",即一种自我之和、与人之和、自然之和,致力于实现学生的全面和谐发展,为学生融入和谐社会奠定基础。空港新城人和街小学的这种关注教育中人的幸福感的人和教育理念推动了学校的发展。例如,学校倡导师生之间、教师与教师之间、领导与教师之间的和谐相处,也倡导与社区、家长、教育行政人员等的和谐交流,既关注师生的学习和生活细节,也关注师生的成就感和归属感,主张营造和合共生的文化氛围。

(二)学习共同体理论及其在空港新城人和街小学的具体体现

以人为本,和美共进是空港新城人和街小学发展的重要思路,"学习共同体"是所有人因共同的使命并朝共同愿景一起学习的组织,共同体中的人共同分享学习的兴趣,共同寻找通向知识的旅程和理解世界的运作方式,朝着教育这一目标相互作用和共同参与。

"学习共同体"是指一个由学习者与助学者(包括教师、专家、辅导者和家长等)共同构成的团体,他们具有共同的目标,经常在一定支撑环境中共同学习,分享各种学习资源,进行相互对话、交流和沟通,分享彼此的情感、体验和观念共同完成一定的学习任务,通过共同活动形成相互影响、相互促进的人际联系,并对这个团体具有很强的认同感和归属感。学习共同体理论还有一个很重要的概念就是愿景。愿景,是关于未来的一种美好愿望与意象。在学习共同体理念之下,学校里的人是基于共同愿景的有着差异的存在体、这种"共同""共性"与"个体""个性"的协调,推进了学校教育目标的实现、学习共同体将个体目标、个体发展目标与组织发展目标有机统合在一起。

空港新城人和街小学的和美教育理念中所倡导的"和而不同、尚臻达美"的思想正是对于学习共同体理论最好的诠释。在多年的探索与实践中,人和街小学通过研究学校文化建设与课程、教学、教师发展和学校管理之间的内在联系及其发展规律,把学校文化理念融入各个方面之中,形成基于核心素养的办学模式,实现了校文化、课程、教学、教师发展和学校管理的一体化。

二、和美管理的内涵与特点

空港新城人和街小学经过五年的发展,拥有70多名教职工,其学校管理经验也在学校不断发展的过程中不断总结和提炼，形成了具有和美特色的管理模式。

（一）和美管理的内涵

学校管理是学校管理者通过计划、组织、协调、领导等管理职能或手段调动以人为中心的组织资源，实现学校管理目标系统化的持续过程。据此，我们可以看到管理的内涵涉及管理哲学、管理过程以及管理目标。

1. 和美管理的哲学

管理哲学是整个学校组织管理的基本价值和理念，它直接影响着整个管理过程。正如之前已经提及，空港新城人和街小学的师生在学校长期建设发展中，不断沉淀人和文化。在和美文化的基础上，和美管理团队一直秉持着以"让生命在和美中绽放"为核心的人和教育办学理念。

2. 和美管理的管理过程

空港新城人和街小学在长期发展中一贯坚持以人为本，以人的价值实现为最终目的，以关心人、尊重人、激励人、解放人、发展人为根本指导思想，把人作为管理的主体，充分开发学校的人力资源；并将人和管理中人本主义管理思想贯穿于学校管理的各个环节、各种行为之中。在多年的办学实践中，坚持实施"以人为本"的人性化管理，强调学校所做的一切都是为了让每一个人真正体会到生命的意义和价值，充分调动师生学习的积极性和创造性，以学习求发展，以学习促进教育教学质量的提高，促进学生更好地成长和发展。

空港新城人和街小学的管理中处处体现着这种人本主义管理的思想，学校教育目标的制订、学校文化环境的建设、教师教学任务的分配、学校管理决策的制订与执行、教学内容的选择、教学过程的实施、教学方法的选择以及教学评价等都体现出了学校对教师和学生的尊重、理解、信任、关怀。与传统学校管理模式相比，以"和美管理"为理念的学校管理模式更加重视人、尊重人、关心人，在教育过程中把教师主体性与学生主体性有机地统一起来，用人和的思想教人、育人。

空港新城人和街小学在教师队伍建设中，坚持以"儒雅善导、和衷共济"的教师文化作为教师队伍追求的价值目标；针对青年教师实施师徒结对，开设青年教师研修班，聘请市级名师作为指导教师，通过集中培训、课堂教学研讨、课题研究、示范课、骨干教师展示、论文案例撰写等方式，定时、定人、定任务，为青年教师搭建研修平台；通过在和美团队的支持下促进教师能力建设，教师在和谐、互助的学习共同体氛围下，不断体会到成长的快乐。

3. 和美管理的目标

任何管理活动都是为了实现组织的目标。在和美教育指引之下的和美教育管理的目标是办优质特色学校，培养全面和谐发展具有和美特质的和美少年，从而最终实现教育愿景。这个管理目标始终围绕着人的发展这个核心，并试图通过科学化的设计实现学生和教师的和谐发展。空港新城人和街小学在实施素质教育的过程中就充分体现出对于学生发展规律的尊重，对于学生主体性的调动。此外，和美管理充分理解教师职业的特点，从促进教师专业发展、能力建设的高度践行以教师的成长为本，让教师在教学科研的过程中体会成长的快乐，使教师获得从事教师职业的自信心和幸福感。

（二）和美管理的特点

空港新城人和街小学将和美思想贯穿于学校管理之中，形成了独具特色的管理模式——人和管理。和美管理的独特性主要体现为"科学性与人文性的整合"，科学性主要体现在学校对学生发展规律的尊重和数据驱动决策机制的建构。人文性主要体现在强调和美文化的引领性、以人为中心与和谐人际观的构建，并最终实现了学校学习共同体的落地生根、和谐共生校园氛围的形成和人和文化的长期沉淀。下面将主要从这两个方面来介绍人和管理的特点。

1. 和美管理的科学性

课堂形式是学校育人理念的直接体现，和美课堂是和美课程实施路径，每一门课程必须有要对应的时间，以及实施的人来完成，因此为了有效提高课程实施效果，合理安排时间，科学调配师资，我们对和美课堂进行了归类管理。

在全校丰富的课堂体系内，依据不同的分类标准可以分为多种维度的课堂。按参与学生的多少可分为：和美大课堂、和美中课堂、和美小课堂。和美大课堂即全校学生参与的，如开学典礼、节日庆典、散学典礼、文化节、体育节、科技节、艺术节、升旗仪式、大课间活动等；和美中课堂即一个年级或一个年段学生参与，如入学礼、入队礼、十岁礼、毕业礼；和美小课堂，即部分学生或班级学生参与，如班级课堂、走班社团、兴趣小组等。按和美课堂参与地点不同，可分为：校内课堂、校外课堂。校内课堂所对应的课程主要包括基础课程、和悦课程、和融课程以及和创课程中的救护课程、三园札记、科创课程；校外课堂主要有职业体验、研学旅行。

2. 和美管理的人文性

"和"文化是中华文化的核心价值观之一，它是指不同事物聚在一起，能够并存、协调、相互促进。"和"文化主张"天人合一""中和中庸"。空港新城人和街小学自建校以来就以"和美"作为学校的核心理念，在传承地域文化、学校文化与顺应时代要求下，构建了人和教育，而且讲求和美、珍惜和美。学习秉承"让生命在和美中绽放"的办学理念，让每一位学生在和美教育中潜能得到开发，个性得到张扬，品行得到提升，审美得到培养，实践得到落实，最终实现人生的第一次完美蜕变；让每一位教师在践行和美教育中自身的师德修为得以提升，专业素养得以发展，教学特色得以彰显，职业幸福得以达成；让空港新城人和街小学办学目标——和立两江，和鸣天下，得以实现。

学校以"人和尚进，和谐臻美"为校训。"人和尚进"是一种同心同德的团队风貌和积极向上的精神追求，"和谐臻美"就是理想、愿景。"和谐"是一种教育理念，是从满足社会发展需要和受教育者自身发展需要的统一出发，优化教育教学结构中的诸要素，促进学生德、智、体、美、劳全面协调发展的教育观念。"臻美"即是完美，达到更好的地步，更趋完善。"和谐臻美"是从满足社会发展需要和学生身心发展需要的统一实现出发，调控教育中诸多要素的关系，使教育的节奏符合学生发展的节律，进而使"教"与"学"产生谐振效应，促进学生基本素质获得全面和谐充分发展的办学要求。"人和尚进，和谐臻美"的办学理念，是在承认不同事物之矛盾、差异的前提下，将其统一于相互依存的整体中，并取其长而克其短，使之达到最佳的育人状态，进而达成全面和谐育人的目的，打造渝北优质名校。

第二节 和美学校组织建设

谈及管理，必然会涉及组织这人类社会中最普遍、最常见的社会现象。每一项社会活动几乎都要以某种组织为其载体，并通过组织的形式表现出来。人们正是通过各种组织，把人力、物力、财力、信息、时间等要素组合配置，开发利用，从而达到特定的目标。管理活动正是在组织这一载体上实现的持续活动。

一、和美管理之组织发展观

学校无疑是一种组织。作为一种实体的组织（organization），它是为实现特定教育目标、根据一定管理原则而构建起来的一个体系与机构；作为一种活动过程的组织，它又通过其特有的行为方式，保证传授知识，培养新人这一过程的完善并具有较高效率。静态地看，组织是一个集团内各种关系的总和。组织将与之生长有密切关系的人、财、物、时间、空间、信息、环境等因素有机地联系起来，从而形成一个开放的社会技术与社会信息系统。

我国现代学校组织经过一个多世纪的发展，把西方的、苏联的、我国的经验结合在一起，形成了自己的学校组织体系和管理原则。从宏观上看，学校组织建设中的问题多数要由国家出面从宏观入手加以解决；从微观上说，学校领导者也要树立新观念，按照现代化的原则建设学校组织。

空港新城人和街小学的教师、学生、教学设备、教学手段、校园环境、校园氛围等，都构成了一定关系的系统，形成了较为稳定的运行系统，例如：学校的年级组、教研组、班级、团队等。动态地看，组织就是人与人之间的行为构成模式，是人为了完成共同目标而彼此分工合作、相互影响的活动系统。

从生态学的角度来看，组织是一个有着生命活力的生长体，它随着历史和社会环境的演变不断进行自动调整，以适应社会环境的变化。随着人类进入知识经济时代，任何组织只有通过不断学习和能量更新才能实现组织的可持续发展。有研究者因此主张以新的隐喻来指代组织，即"学习共同体"。学校作为传授知识的地方，在当下知识经济时代背景下，更加应该成为一个学习共同体，也即一个不断从内外部进行学习，发展成长的类似生命体的能动的系统。

在和美教育理念的指引下，空港新城人和街小学已经形成了具有"和美"特色的学校组织，这个组织不再是简单的校园围墙内的一些和美系统，而是一个不断研讨课程教学以促进学生幸福和谐发展的学习共同体。这个学习共同体倡导以人为本的管理思想（即"和美管理"），强调"人文性与科学性相整合"的组织发展观。人文性主要体现在管理理念上，强调"和美文化的引领性、以人为中心与和谐人际观的构建"，强调多元、民主的参与性。科学性主要体现在管理技术上，学校对学生发展规律的尊重和数据驱动决策机制的建构。在这样的组织发展观指导下，学校摒弃传统科级管理的弊端，按照系统论、全息论的思想，全方位、高质量地整合学校文化、课程、教学、教师、管理这五个维度，在"让生命在和美中绽放"的办学理念引领下，通过对学校管理体制的整体系统设计，让文化、课程、教学、教师发展、管理高度融合，以"和美"课程体系为行动架构，以课堂教学为具体的实践路径，以教师专业发展为人力保障，以管理体制机制的改革为制度支撑，使学校成为一个完整的而不是分散性的学习型组织，最终实现学校学习共同体的落地生根、和谐共生校园氛围的形成，从而达到师生的和谐共生、发展。

二、和美管理之组织文化

学校组织文化是学校物质文化、学校精神文化、学校规范文化的综合，是在长期发展过程中，由组织成员相互作用、积淀生成的具有鲜明组织特色的观念文化和制度文化。学校组织文化是学校在长期教育实践和各种环境要素的互动过程中创造和积淀下来并为其成员认同和共同遵循的信念、价值、假设、态度、期望等价值观念体系，制度、程序、准则、纪律、气氛、教与学的行为方式等行为规范体系，以及学校布局、校园环境、校舍建设、设施设备、符号、标志物等物资风貌体系，是一所学校区别于其他学校的重要特征。学校组织文化在学校管理中起到越来越重要的作用。学校组织文化具有区别其他组织文化的特征，包含学校的精神文化、制度文化、行为文化、物质文化的内容，对学校组织具有化育、导向、规范、凝聚与辐射、激励、创新的功能。

（一）学校组织文化的内容

根据对学校组织文化的界定，我们将学校组织文化的内容分为四个方面："学校精神文化、学校制度文化、学校物质文化、学校行为文化"，并从这四个方面具体阐释和美组织文化的内容。

1. 学校精神文化

精神文化是学校组织文化的核心和灵魂。学校精神文化是学校在长期实践过程中，受一定的社会政治、经济、文化、意识形态等影响而形成的为其全部或大部分师生所认同和遵循的精神成果与文化观念，其核心是共同的价值观，主要体现为学校的文化传统、办学理念、校风、人际关系、心理氛围等，精神文化具有沉积性、隐渗性、持久性、号召力、凝聚力和向心力，是学校与时俱进、不断向前的精神支柱，无形之中对教师和学生产生积极的促进作用，引导他们不断地发展和完善自己。学校秉承人和街小学教育集团的"和"文化，践行"让生命在和美中绽放"的办学理念，和美文化，反映了和美人共同秉持的对于教育、学校办学理念、学生培养、师生关系等方面的共同价值。和美教育指向学生全面和谐发展的教育，其教育思想精髓为：（1）和而不同的个性多样性。即融合先进教育思想、发掘优势潜能、张扬个性特点；（2）和衷共济的动力性，即同心同德，合作育人；（3）以一切可运用的元素为课程资源，打开课堂学习的边界，构建学科整合的桥梁，致力于培养"和美少年"，简言之，就是要通过与多方面力量的通力合作培养"尚美惟新，和合共生"的和美少年。"儒雅善导，和衷共济"是和美组织文化的精神实质，最终实现"众筹人和教育，共享精彩人生"的教育理想。

2. 学校制度文化

学校制度文化是校园精神文化的产物，包括学校组织结构、管理制度以及组织成员间默认的共同行为规范。学校组织结构是指学校为了有效实现学校目标而筹划建立的内部各组成部分及其关系的形式。学校组织结构包括正式组织和非正式组织，都是学校组织文化的载体。学校管理制度是学校在教育实践中制定的各种带有强制性的规定和条例，包括学校的人事制度、教学管理制度、科研管理制度、后勤管理制度等所有规章制度。制度文化对全体教职工和受教育者能发挥指向与约束、矫正与激励、整合与保障的作用，对于形成优良校风，培养师生的行为品德具有非常重要的导向作用。空港新城人和街小学围绕着其精神文化，形成了强调学校核心职能（学生发展、课程、教学、科研）的合理的学校组织结构和清晰明确的管理制度。在学校组织结构上，实行层级管理与扁平式管理相结合的方式，既做到责权明晰，又注重彼此的相互理解、沟通。在学校管理制度上，重视课程教学管理和科研管理，强调教育科研是引领学校发展的强大动力，并建立了一套完善的教育科研制度，其中规定，教师组成课程、教学、学术委员会，以发挥为课程开发、教学活动、教师发展以及学校日常行政管理等提供科学决策的作用。

3. 学校物质文化

学校物质文化载体主要包括学校建筑、文化设施和校园美化物等。物质文化本身是没有任何生命和情感的，但是经过教育建设者的精心设计和创造后，学校的建筑物和生态环境就富有了生机，学校物质环境就被注入了独特的文化和精神内涵，会对学生的价值观念、行为习惯、智力发展产生潜移默化的影响。空港新城人和街小学通过加强和塑造物质文化的视觉和听觉两大系统，把和美理念转化到学校的物化环境当中，以此来发挥和美文化的"以文化人"的作用。

4. 学校行为文化

学校行为文化主要包括主体行为形象、科技文化活动、交际活动以及社会实践活动。主体行为形象主要指学校领导的作风和风格，教师的品行、人格、气质和仪表，学习风气及学生的饮食、穿着等生活习惯。科技文化活动指自主性科研活动、学术活动、课外文体娱乐活动、群众性俱乐部活动等。交际活动指师生之间、学生之间、异性之间、师师之间、个体和群体之间的互动，社会实践活动是学校文化的"活化"和"动态化"，是学校精神文化、制度文化在师生行为上的表现，有利于学生良好的思想观念、价值体系、精神风貌的养成。经过多年的探索与实践形成了具有自身学校特色的行为文化。例如：在交际活动上，师生之间、生生之间在课程、课堂中形成和谐的互动关系。在"和而不同，尚真达美"的课程目标指导下，学校的育人目标指向具体为：立德树人，志存高远；启智增慧，融通世界；各美其美，趣创未来。其中，追求学生在树立强国梦想、养成以礼待人品质和追寻自切的学习方法上的"和"，与学生的兴趣特长、自我优秀品质和课程创造方面的"不同"，最终学生从各自不同的方面获得德、智、体、美、劳的发展，实现各美其美，和美绽放。基于全面发展、五育融合的要求，以和美教育课程哲学为基础，学校建构了"双基＋三拓展"的四级和美课程体系。"双基课程"是指基础类课程，"三拓展课程"是指和悦课程、和融课程与和创课程。和悦课程，是指向学科内延伸的拓展课程。和融课程，是指基于学科间联系的学科融合课程。和创课程，是综合运用多学科解决实际问题的课程。此外，学校还开设了双节课程，双节指传统节日和二十四节气。中华文化博大精深，二十四节气指导一年的种、生、收、藏，传统节日传承华夏文化，汇聚人民智慧。依托学校的菜园、果园、花园，让学生体验四季耕作，气候变化。在双节课程活动中，和美少年走进三园，走出校园，走进田园，走进生活，吟诗、作画、观察、发现、体验、收获。学校富有特色的课程体系满足了学生差别化成长的需求，学生在课程中得到充分自在的表现和活动，教师在课程中专业技能得到充分展现，还出现了很多跨界的学科教师人才。学校形成了"和美"的课堂文化，在教学设计中坚决地留出所有学生能够参与教学活动的"空白"，在学习的时空中，师生之间、生生之间能够相互倾听、相互尊重彼此的差异，在差异的基础上寻求共识，从而最大化地实现人人参与、人人发展的效果，达成"和而不同"的价值追求。

（二）学校组织文化的功能

学校是一个文化组织，承担着教书育人、传承文化和促进社会进步等职能。学校组织文化是以文化的形式潜移默化地对管理起作用，属于软性管理模式，它比任何传统的科层管理、硬性技术手段都有更好的管理效果。空港新城人和街小学践行"让生命在和美中绽放"的办学理念，以"人和尚进，和谐臻美"为校训，构建"儒雅善导，和衷共济"的教师文化，打造"尚美惟新，和合共生"的学生文化。其组织文化发挥的功能主要有以下几点：

1. 化育功能

教育与文化有着密切的关系，文化是教育的内容，教育是传递文化的工具。空港新城人和街小学通过建立"和美教育"，不但让人获得知识，而且通过对和美文化价值的汲取、不断地陶冶人的心灵与品格，达到充实生命的目的。学校良好的校风、学风、文化传统、价值观、人际关系等对师生员工特别是对学校的学生起到了陶冶和化育作用。学校组织文化的这种化育功能以物质文化为条件、制度文化为资源、精神文化为导向，寓教于乐、寓教于情、寓教于境，潜移默化地塑造着学生和教师的素质。

2. 导向功能

学校组织文化反映的是学校的共同追求、共同价值观和共同愿景。空港新城人和街小学以"和美文化"的形式，渗透于人们的内心，左右着人们的行动，指引组织成员去实现学校组织的目标。空港新城人和街小学的组织文化发挥着一种无形的约束力，就像我们经常说的"随风潜入夜，润物细无声"，无形之中达到影响人、塑造人的目的，让每个和美人知晓应该如何做。

3. 规范功能

空港新城人和街小学在长期发展过程中形成的独具特色的和美文化，其包含的行为准则、价值观等精神因素常常融入学校规章制度及行为规范之中，融入学校各项教育教学活动之中。这种组织文化氛围促使师生自觉服从制度及规范，是一种有效的"软约束"，这种和美文化能减弱硬性规章制度可能给师生带来的心理冲撞或抵抗，从而使学校各个部门达成某种统一、和谐与默契，使之在确定的目标和方向下开展各种学校文化活动。

4. 凝聚与辐射功能

空港新城人和街小学的和美文化将师生引导到学校所确定的发展目标上来，对内而言有着强烈的感染力、向心力和凝聚力，对外则通过辐射传播，发挥学校的教学科研等优势，既为社会输送高素质人才，又为社会树立良好榜样，既有利于提高学校自身形象，又增强了师生员工的自豪感与责任心。

5. 激励功能

激励指持续地激发人的动机和内在动力，使其心理过程始终保持在激奋的状态中，鼓励人朝着所期望的目标采取行动的心理过程。空港新城人和街小学的管理层利用和美的文化意识进行学校管理，采用"目标激励、情感激励、行为奖励"等手段激发教师和学生的热情，启发、诱导、刺激他们的潜在能力和智慧，使得学校组织的活力源泉永不枯竭。

6. 创新功能

创新是学校的灵魂和生命力所在，传承已知、探求未知是学校的使命。学校文化创新是教育创新的重要动力和体现，是培养具有创新型人才的要求和重要途径。生生不息的创新活动是学校组织文化的活力所在，也是学校组织文化的魅力所在。和美文化不仅是一种结果，更是一个过程。空港新城人和街小学借助人和教育集团丰富的资源，科学的管理体系，强有力的师资培训，学校以其旺盛的创造力，使学校和美文化得以继承和发扬。

（三）学校组织文化在"和美管理"中的意义

1. 使内隐的学校组织文化显性化

学校组织文化是无法直接看到或摸到的。空港新城人和街小学把学校和美文化从内隐转变成外显，正视学校已有的和美文化积淀，并在此基础上与时俱进，明确学校组织文化的定位，开展有效的文化建设，提升了学校的管理水平与效能。

2. 使"以人为本"管理的有效性得以保证

学校组织文化在学校管理中坚持"以人为本"，做到尊重人、理解人、关心人、信任人，重视对人的激励、培训、考核、任用和晋升，重视开发人的精神素质，促进人的全面健康发展。空港新城人和街小学重视教师队伍建设，基于和美教育特色，打造"儒雅善导、和衷共济"的教师文化，将儒家的和合思想作为教师队伍人格理想和社会理想价值追求的目标，将教师的发展与学校的发展高度结起来，为他们实现人生抱负提供广阔的舞台。

3. 使学校的效能得以提高

学校组织文化影响着学校组织效能的高低。学校的主要功能在于育人，培养全面发展的人是学校得以生存和发展的根本，也是检验学校效能的有效指标。学校教师所具备的个人素质、职业态度、士气将影响其教学质量和教育成果，从而进一步影响学生学业进展。根据研究，学校气氛开放，校长和教师的满意度和工作士气很高，组织适应性强，运作灵活，组织效能佳，学校的发展成就明显。空港新城人和街小学通过培育和美校园文化，创建和美特色课程，实施和美管理，开发校内、校外各种教育资源来培养学生，通过优美的校园环境、良好的校风、学校人力资源的合理开发配置，使教职工和学生的潜能得以发挥，保质保量地完成学校的育人功能，从而实现学校的高效能。以一切可运用的元素为课程资源，打开课堂学习的边界，构建学科整合的桥梁，致力于培养"和美少年"，成就"和美教师"，最终实现"众筹人和教育，共享精彩人生"的教育理想。

三、和美管理之组织结构

一般地说，组织机构是指按照学校一定的工作任务和目标，将组织成员按不同的工作性质、职务、岗位组合起来，形成层次恰当、结构合理的有机整体。从广义上来说，组织机构是指一切正式的行政、业务、政治、群众等组织机构的整体。狭义上来讲，一是指学校行政和业务系统的组织机构，比较完整；二是指规模较大的组织机构中，为了对各类组织进行有效管理而设置的组织机构中的各个部门或单位。

学校组织机构具有人力的汇集作用、人力的组合作用、人力的放大作用、管理的职能作用。学校行政组织机构在学校的全部活动中占主体地位，发挥主导作用，领导和管理学校的全部行政和业务工作，对学校的办学方向和教育质量起决定作用。学校的非行政组织，以中共党的基层组织为核心，对学校的群众组织起领导作用，对学校的行政管理起保证监督作用。学校的群众组织对学校的工作分别起咨询参谋作用，支持相互配合作用和桥梁纽带作用。学校的业务组织在行政组织的领导管理下，直接或间接参与学校的教育教学活动，是学校育人活动的直接组织者和操作者。

空港新城人和街小学一贯注重课程、教学和学生发展，随着时代发展和政策变迁，空港新城人和街小学从对单科课程的研究到综合课程的改革，再到契合学生21世纪核心素养培育，始终围绕学生不断深化发展系统化研究学校管理的核心技术（课程和教学）。具体来说，空港新城人和街小学组织结构采用的是层级管理和扁平式管理结合的模式，成立了以支委会、行政组、教代会为主的领导决策中心，并设置了教学管理中心、德育管理中心、信息技术中心、课程中心于一体的运作体系。

学校各类组织机构都有共同目标上的联系：共同育人是各类组织机构彼此关联的结合点。都有活动上的联系：它们的活动都是育人的活动或是为育人服务的活动,从不同的方面为教学中心服务。都有组织上的联系:它们同属一个学校整体,有共同的目标和工作上的联系,因此它们之间必然存在组织上的联系,但这种联系并不相同,有的是领导与被领导关系(一般是同一系统),有的是并列、并行或指导与被指导的关系(一般为不同系统或同一层次的)。同时,各类人员因扮演着多种社会角色,也就存在许多交叉关系。

  总之,空港新城人和街小学通过构建特色和美教育,通过对学校部门、管理层次和管理幅度的设置以及对学校各部门的责任、权力、资源的合理配置等,使学校在培育新时代学生核心素养背景下,通过学校特色办学模式的构建,提高了学校的效能,满足了学生的多样化需求,使整个学校处于良性运转中,实现了和美教育的可持续发展。

第三节 和美课程与教学管理

从文化哲学观的视角看，课程与教学作为特殊精神文化，实质上是人们进行课程与教学研究的特殊生命存在及其优化活动的知识与经验形态。我校的和美课程体系，旨在让和美少年德智体美劳全面发展。以下将从课程管理、教学管理两个方面阐释"和美管理"在课程与教学两个核心板块的经验。

一、课程管理

实行国家、地方和学校三级课程管理是我国基础教育课程改革的目标之一。新课程改革以来，空港新城人和街小学校以国家课程为核心，以地方、校本课程为拓展，构建了和美课程体系。

（一）课程开发

教育改革进入新的攻坚阶段，和美课程的开发是拓宽和美少年全面发展的路径，那么，我校在课程开发上面做了哪些尝试呢？

1. 成立课程研究中心

结合我校的教师结构，年轻人多，高学历多，我校成立了课程研究中心，其成员要求在35岁以下，本科及以上学历；品行端正、积极向上、乐于奉献；教育科研能力强，勤于思考，有创造力。成立课程研究中心之后，在和美课程的开发过程中，成员们每月一次碰头会、汇报会、推进会，让和美课程体系能够初见雏形。

2. 借助专家力量

在本校课程研究中心梳理出相关成果后，再聘请专家进行培训、指导、论证、改进。

（二）课程实施

真正的课程不是机械地遵照各种专家学者制定的课程标准，而是因地制宜实施相关课程。

1. 交流

课程实施是包含许多教师和课程工作者共同工作的群体过程。一个新课程的实施要经过教师、校长和课程研究中心成员的反复讨论和研究。

2. 培训

课程研究中心的成员需定期参加相关培训，获得新知，才能产生新的理念。

（三）课程评价

中共中央国务院印发的《深化新时代教育评价改革总体方案》，指出：全面贯彻党的教育方针，落实立德树人根本任务，遵循教育规律，系统推进教育评价改革，发展素质教育，树立科学的教育发展观，构建科学的学生评价体系。评价体系构建做好三个坚持：坚持以人为本，以人为中心，尊重和满足儿童的需要，寻求学生的自由发展和完善；坚持以德为先、能力为重、全面发展；坚持面向人人、因材施教、知行合一，坚决改变用分数作为学生评价唯一标准的做法，创新过程性和结果性评价办法，完善综合素质评价体系。

1. 评价目标

（1）强化学生文明主动性。通过过程性评价，客观记录学生礼仪日常表现和突出表现，使其形成谦虚、儒雅的礼仪行为，养成知规范、懂礼仪、讲文明的良好习惯，体现和美少年良好风貌。

（2）强化管理评价。培养学生自主管理的意识和能力，提高学生参与班级自主管理的积极性，使之形成责任感，培养担当精神和执行能力。

（3）注重学习评价的科学性。通过学习评价，帮助学生了解自身学习水平和学习问题，精准施策，有效调节学习环节，提高学习效率，促使学习进入良性循环；激发学生学习动力，增强学习信心和主动性，形成学习者自我完善意识，通过自我调节实现自我超越。

（4）改进艺体评价。学习并掌握1至2项艺术特长，激发艺术兴趣，增强艺术素养，提高审美能力和创造美的能力；养成良好锻炼习惯和健康生活方式，锤炼坚强意志，培养合作精神。

（5）加强劳动教育评价。有目的、有计划地组织学生参加日常生活劳动、生产劳动和服务性劳动，掌握劳动技能；引导学生树立正确劳动观，尊重参与劳动的人，愿意动手实践；激励学生手脑并用，亲历劳动过程，养成劳动习惯，强化社会责任感。

（6）增设创新评价。通过模仿、改进等方式建立自己创新的基础上来制造更有价值的新事物；能在创造设计的过程中体现个人独特的见解，想出新方法、设计出新的作品；培养和美少年的思维能力，拓宽视野，增强和美少年解决问题能力，自主创新能力，实践能力等科学素质。

二、教学管理

开发了相应课程后，课程的实施与教学管理密不可分。教学管理到位，课程实施才会落地。

（一）课程时间安排

结合国家"双减"背景下，空港新城人和街小学校既要向国家课程要质量，也要保证和美少年的全面发展。在下午3:40～5:20这一阶段，每周一和每周五为课后作业辅导时间，和美少年可在这一时间段完成所有作业；每周二和每周四为校级社团，我校共有26个校级社团，和美少年可选择自己擅长的社团开展活动；每周三为体智训练时间，保证和美少年充足的运动时间。

（二）课程空间安排

除了在校的相关课程，我校还开发了双节课程、桂语课程、国旗下课程等，爱国主义、传统文化、实践操作方面均有涉猎。如国旗下课程，每周一的展示，爱国主义教育浸润于心；双节课程，将二十四节气完美解读，和美少年在家里也可完成相应节气任务。

总之，从满足学生个体化、多元化的需求出发，努力为学生提供优质的课程与教学，注重培养学生的学习能力和创新能力，关注人人，人人发展，真正做到德智体美劳全面发展。

参考文献

[1] 王军. 中小学应急救护专题教育路径及策略探析[J]. 考试周刊, 2018(21):13-14.

[2] 蔡慈兴. 基于生命安全教育的小学体育课程内容研究[D]. 福建师范大学, 2015.

[3] 黄燕, 徐琴莺, 葛佳凤, 许祖芳. 小学生应急救护教育效果评价[J]. 中华全科医学, 2016, 14(02):313-316. DOI:10.16766/j.cnki.issn.1674-4152.2016.02.052.

[4] 张兴明. 小学开展职业体验实践活动初探[J]. 生活教育, 2019(03):18-20.

[5] 刘丽雯, 罗春祥, 王红月. 中小学生职业体验式研学旅行课程开发探究[J]. 创新创业理论研究与实践, 2020, 3(12):192-194.

[6] 马雷鸣, 赵蒙成. 双重制度逻辑视阈下中小学生职业体验中心建设的问题与策略[J]. 职教通讯, 2021(01):95-103.

[7] 陈彬彬. 中小学生职业体验研学实践基地课程建设探索——以柳州市第一职业技术学校为例[J]. 广西教育, 2021(10):10-11+14.

[8] 裴春红. 小学研学旅行现状调查及对策研究[D]. 鲁东大学, 2019.

[9] 陈杉. 位子渌小学研学课程的开发与实践探索[J]. 广西教育, 2021(29):20-21.

[10] 钱澜. 小学研学旅行课程目标建构的再思考——以太仓市实验小学实践探索为例[J]. 江苏教育研究, 2018(32):31-34. DOI:10.13696/j.cnki.jer1673-9094.2018.32.010.

[11] 许金芳. 小学研学旅行课程教学的改革与实践［J］. 小学生（下旬刊）,2019(10):39.

[12] 王嵩涛. 小学研学实践课程开发与实践研究[J]. 教育艺术,2021(03):8-10+13.

[13] 谢真云. 城乡结合型小学科学校地课程资源的开发和利用［J］. 小学科学（教师论坛），2012(01):95-96.

[14] 黄利锋."小"学科 "大"作为——略谈新课程背景下的小学信息技术课程［J］. 中小学信息技术教育，2006(01):25-26.

[15] 金东海. 论三级课程管理体制中的学校课程管理［J］. 西北师大学报（社会科学版），2004.

[16] 孙晓慧. 珲春市中学和美课程管理现状及对策研究［D］. 延吉：延边大学，2017.

[17] 吴霞. 科学探究在小学科学教学中的运用研究［J］. 科学咨询（教育科研），2020（5）：237.

[18] 李学刚. 小学科学探究式教学法的应用分析［J］. 百科论坛电子杂志，2019（13）：172.

[19] 吴志宏，冯大鸣，魏志春. 新编教育管理学（第2版)[M]. 上海：华东师范大学出版社，2008:69.

[20] 北京大学 网络教育《学校组织建设》2010.10.26.

[21] 中共山东省委宣传部，党的十六届三中全会精神学习读本［M］. 济南：山东人民出版社，2003.2.

后　记

《和美教育》是空港新城人和街小学全体教师在第一个五年发展规划里拼搏进取、追求卓越的阶段性实践成果，也是基于市区级课题研究的成果。

阶段成果的复盘整理，总结提炼，旨在进一步查找不足，以便明晰下一个五年规划的研究方向，研究重点，研究路径，研究策略，以期推进学校进一步向高质量办学目标迈进。成果的梳理，体现了空港新城人和街小学把对教育的深刻理解体现在办学追求上、思考研究上、实践行动上，心系和美少年的成长与未来，心系和美教师的专业发展，心系学校办学生态和谐美好与长足发展。和美教育的阶段性成果，是全体和美教师始终坚守教育本真的信仰与信念，摒弃教育功利，克服短视，以人为本，以生为本，尊重科学，尊重规律，坚持社会主义办学方向，贯彻国家教育方针，立足实际，立足学校，创造具有新时代和美教育特色的学校新生态，推动学校高质量发展的价值取向和行动追求。

本书的呈现，是和美教育第一个五年发展规划的阶段性成果，凝聚了全体和美教师的辛勤汗水和实践智慧。本书在编写过程中，得到了学校管理团队的鼎力支持，他们分别是郑治、田彬、饶雁、杨文芬、熊祝、陈盼、王业、黄先红、袁仁杰、汪先敏、王君等，得到了学校学术团队的大力支持，分别是曾文茜、余婷、汪万茹、彭琦君等教师，同时也得到了广大一线教师的支持，分别是周晓丽、谢婷婷、黄莉、韩颖、汪港桃、朱丽如、谢香草、李文佳、代静、邱雪、唐雪梅、欧闻喜、张涛、蔡斐斐、黄巧利、刘扑英、陈永翠、徐蛟、龚小利、黄璟、石晨熙等教师，在此对每位教师的辛勤付出表示由衷的敬意！欢迎同行专家和广大读者提出宝贵建议！